拯救人类的哲学

人類を救う哲学

[日] 梅原猛 稻盛和夫 著
曹岫云 译

图书在版编目（CIP）数据

拯救人类的哲学／（日）梅原猛，（日）稻盛和夫著；曹岫云译 . —北京：机械工业出版社，2015.8（2025.8 重印）

ISBN 978-7-111-51021-5

I. 拯⋯ II. ①梅⋯ ②稻⋯ ③曹⋯ III. ①稻盛和夫 – 人生哲学 ②稻盛和夫 – 企业管理 – 经验 IV. ① K833.135.38 ② F279.313.3

中国版本图书馆 CIP 数据核字（2015）第 176124 号

北京市版权局著作权合同登记　图字：01-2015-2383 号。

JINRUI WO SUKUU TETSUGAKU
Copyright © 2009 by Takeshi UMEHARA & Kazuo INAMORI
Simplified Chinese Translation Copyright © 2015 by China Machine Press.
Simplified Chinese translation rights arranged with PHP Institute, Inc. through Bardon-Chinese Media Agency.
This edition is authorized for sale in the Chinese mainland (excluding Hong Kong SAR, Macao SAR and Taiwan).
No part of this book may be reproduced or transmitted in any form or by any means, electronic or mechanical, including photocopying, recording or any information storage and retrieval system, without permission, in writing, from the publisher.
All rights reserved.

本书中文简体字版由 PHP Institute, Inc. 通过 Bardon-Chinese Media Agency 授权机械工业出版社在中国大陆地区（不包括香港、澳门特别行政区及台湾地区）销售。未经出版者书面许可，不得以任何方式抄袭、复制或节录本书中的任何部分。

拯救人类的哲学

出版发行：机械工业出版社（北京市西城区百万庄大街 22 号　邮政编码：100037）
责任编辑：王金强
责任校对：殷　虹
印　　刷：北京盛通数码印刷有限公司
版　　次：2025 年 8 月第 1 版第 16 次印刷
开　　本：147mm×210mm　1/32
印　　张：5.625
书　　号：ISBN 978-7-111-51021-5
定　　价：60.00 元

客服电话：（010）88361066　68326294

版权所有・侵权必究
封底无防伪标均为盗版

译者序
拯救人类的哲学是什么

曹岫云　稻盛和夫（北京）管理顾问有限公司董事长

《拯救人类的哲学》日文原版书刚刚问世，日本盛和塾本部事务局就给我寄来了一本。首先，《拯救人类的哲学》这个书名具有强烈的冲击性。人类怎么了？人类需要拯救吗？拯救人类的哲学是什么？我一口气读完了由日本"经营之圣"、京瓷名誉会长稻盛和夫先生和日本文化大师、著名哲学家梅原猛先生两人对谈构成的这本著作。在阅读过程中，一种鲜见的紧迫感推动着我，令我决心尽快将这本书翻译成中文，让梅原和稻盛这两位睿智的长者对地球命运与人类文明的思考，包括他们深刻的忧虑、卓越的见识和无私的胸怀，传递给中国的读者，以引起更多有识之士的思索和讨论。

梅原先生是稻盛先生所尊敬的、特立独行的思想家，著作颇丰，曾和稻盛先生共著《哲学的回归》和

《谈新哲学》两书。稻盛先生赤手空拳创建了两家世界500强企业，50年间从未亏损，甚至在萧条中也能持续发展。稻盛一贯强调，京瓷和KDDI的成功，绝不是因为有了先进的技术或赶上了潮流，而是因为京瓷和KDDI具备了正确、明确的经营哲学，而且这种哲学为全体员工所共有。京瓷公司的社训是"敬天爱人"，京瓷的经营理念是"在追求全体员工物质与精神两方面幸福的同时，为人类和社会的进步与发展做出贡献"。50年来，稻盛先生和他的员工们坚持实践这一社训及理念。稻盛先生是通过光明大道实现巨大成功的典范，是纯粹的理想主义和彻底的现实主义完美结合的典范。从稻盛先生成功的事实中我们可以看出，稻盛先生抑制私利私欲、"敬天爱人"的利他哲学不仅可供企业家们参考，而且值得引起整个人类社会的深思。

200多年前，自英国工业革命以来，人类追求"更加富裕、更加便利"的欲望推动了科学技术的发展，构筑了高度文明的近代社会。然而科学技术是一把锋利的双刃剑，它又反过来助长了人类欲望的膨胀。而人类欲望的无限膨胀破坏了环境，招致资源的枯竭，以至威胁到人类自身的生存。由最时髦的所谓金融技术所引发的全球性金融危机，恰是这种欲望最新的表现。

现在的地球人口已超过70亿，是200年前的7倍；预计到2050年世界人口将达100亿。而现有和新增人口的大部分都属于发展中国家，他们也有摆脱贫困、追求富裕的权利，今后也会以经济的高增长率为目标。他们要消费的食品、水、能源等将有飞跃性的增长。而要求发达国家自动放弃富裕的生活也不现实。这么不断倍增的沉重的负荷，地球能承担得起吗？许多人把希望寄托于科学技术的发展，认为依靠人类的智慧，到时总有办法解决。但曾经开发了"一个新石器时代"、被称为太阳能开发利用先驱的稻盛和夫先生却认为这是人类的一个幻想。

3000年灿烂的埃及文明的崩溃、400年绚丽的罗马文明的衰落，这些都是某个时期、某个局部的人类文明的消失。而在今日"地球村里"，如果人类不收敛自己的贪欲和傲慢，如果重蹈历史上文明消亡的覆辙，出现的将会是地球规模的文明崩溃，整个人类将陷入万劫不复的境地。这既非杞人忧天，也非危言耸听。

科技进步、经济发展与人的精神道德的停滞乃至衰退，这是当今世界一个尖锐而深刻的矛盾。这个矛盾不仅使人与人之间、集团与集团之间、国家与国家之间纷争不断，而且使人类失去了对自然的敬畏。人类在掠夺自然、破坏自然的同时也破坏了人性，在将自然作为奴隶驱使的同时，人类逐步堕落为欲望的奴隶，堕落为"欲望人"。

拯救人类的哲学就是要将"欲望人"还原为"良心人"、"理性人"。这种哲学的核心十分简单，用四个字表达，就是"利他自利"，用两个字表达，就是"利他"。

"利他"有各种层次，包括家庭、单位、地区、国家、国际范围内的"利他"，也包括人类对自然万物的"利他"。"利他"必须成为人类共同的价值观。"利他"在儒家就是"仁"，在基督教就"爱"，在佛教就是"慈悲"，"利他"存在于人类的本性之中。

"人只为己，天诛地灭"。一个自私自利甚至不惜损人利己的人，他的事业、人生不可能有长期持续的成功。而如果每个人都只顾自己，不顾他人、不顾社会，结果真的会天诛地灭。如果人的精神能从利己的欲望中解放出来，发挥出"利他"（无私）的热情，就能"人助天助"，使人生和事业取得成功。稻盛先生在企业经营领域、梅原先生在学术领域，以及中国和全世界的先贤达人们在各自的领域里做出的卓越贡献，无不证明了这一真理。

企业、国家、人类都是人的共同体。"人皆可以为尧舜"。只要把利他之心，即人本性中良心的一面、理性的一面、真善美的一面切实地发扬光大，人类就能分享有限的资源，互助合作，培育并保持优良的人性，缔造"精神发声的社会"，人类就能与地球万物和谐共生。

在探讨如何建立可持续生存发展的社会模式时，本书还总结了日本江户时代循环型社会的经验。在如何更有效地解决人类面临的共同问题时，本书提出了基于欧盟经验的有关"世界联邦政府"的设想。这些分析中透露出的真知灼见，可以引起人们更多的思索、讨论和行动。

前言

稻盛和夫

作为一个工程师,作为一个经营者,作为一个生活在现代社会的普通人,我常常思考一个问题,那就是近代文明的由来,以及这个文明未来的走向乃至终点。

大约250年前,欧洲兴起了工业革命,以此为契机,近代文明获得了快速的发展。这种发展基于人类禀赋中的好奇心和探求心,与此同时,人类具有的"希望更加富裕、更加便利"——这种不知餍足的欲望,也成为发展的原动力。

人类把这种欲望作为引擎,发挥自身的智慧,推进了科学技术的进步。结果是人类构筑了一个物质丰富的社会,但与此同时,人类又不得不面临地球环境和能源的问题。

然而,人类还在追求进一步的富裕,将无休止的欲望当作动力，持续不断地追求经济的增长。那么人类这种追求增长的模式，能够无限地持续下去吗？遵从这种模式，人类能够持续生存下去吗？我心中时常抱着这样的疑问。

这时，我平素非常尊敬的哲学家梅原猛先生建议我一起去考察古代的埃及文明。由埃及学权威、沙伊巴大学校长吉村作治先生当向导，梅原夫妇、东京大学教授松井孝典夫妇、国际日本文化研究中心教授安田喜宪夫妇一起同行。

"与这几位当代日本的知识精英同行，去探访5000年前辉煌的埃及文明遗迹，此乃不可再得的良机。"我毫不犹豫，决定夫妻俩一起参加。

这时，梅原先生又提出一项建议，希望以文明论为题同我展开对谈。尽管我有自知之明，明白自己力难胜任，但梅原先生是哲学家，在历史和考古方面的造诣也颇为深厚，最有资格谈论有关文明的话题，听一听他的文明史观，将是一种很好的学习，考虑到这一点，我接受了他的提议。

开头所提及的、长期以来我对近代文明所持有的疑问，在访问埃及之后愈加强烈了。建造了巨大的金字塔、曾经如此繁荣的埃及文明崩溃了，只剩下遗迹，这是为什么？

"文明必然走向崩溃"——畅游在尼罗河上,这个念头在我头脑中挥之不去。从埃及回国后,对谈即将展开。建筑在人的欲望,也就是本能和利己之心基础上的近代文明,在不太久远的将来,恐怕也难逃自我崩溃的命运,抱着这样一种近乎绝望的想法,我和梅原先生开始了对谈。

人类如果不肯遵照佛陀有关"知足"的教诲,节制自身的欲望,与地球这个生态环境中存在的一切生命共存共生,回归朴实、有节制的生存方式,那么人类就会滑向自我灭亡的深渊。

不！人类或者已经开始在自我毁灭的坡道上滑行。我们生活在这个时代,已经感觉到了这种威胁,但我们又没有勇气来承认这个紧逼的事实。我和梅原先生两个人的声音虽小,却想为人类敲响警钟。

读者之中,可能有人认为,针对人类的前途,本书中将有许多悲观的论述。但是,我们绝不是悲观论者。我们是要怀着危机感,正确地认识现实,明确今后前进的方向,进而怀抱希望,努力向前。也就是说,悲观处既要深入地思考,又要以乐观的态度从容应对。这就是我们的观点。

谦虚地反省迄今为止文明的发展过程，从今以后，大家都来推崇"知足"这种生活方式，那么我们人类在这个地球上就一定能够继续生存下去。为此，首先要正视严峻的现实。

2008年秋，从美国次贷问题发端，金融风暴袭击了整个世界，金融市场一片混乱，世界性的经济危机再度降临。

危机的直接原因似乎是金融衍生产品使用过了头，但事情的本质是，人们为了满足自己的欲望，不择手段地追求利润的最大化，是失控的资本主义的暴走狂奔。从这个意义上讲，这次金融危机，正是上天为人类敲响的警钟。

人类现在必须思考一个问题：我们怎样来和这个地球共生共存？这就必须从爱、慈悲、同情以及利他之心出发，而不是无止境地追求基于欲望和利己之心之上的所谓经济增长。

终结依靠欲望和利己之心发展至今的现代文明，构建基于爱、慈悲、同情以及利他之心的崭新的文明，让一切人类活动的动机，从欲望转变为利他，使21世纪成为历史性变革的新世纪。

通过本书，希望能唤起更多读者的共鸣，这就是我们的祈望。

目录

译者序
前言

第1章 文明的崩溃开始了 // 001

高度的文明为何消失了 // 002
在不久的将来，人类会灭亡吗 // 003
石油枯竭，都市将变成废墟 // 004
为什么埃及文明持续了3000年 // 006
人类忘却了对自然的敬畏 // 007
太阳崇拜才是人类文明的原点 // 008
人一旦傲慢必定灭亡 // 013
太阳曾是日本思想的中心 // 014
30多年前着手的太阳能发电 // 017
"人造太阳"与"重归太阳的恩惠" // 019
所谓保护"国益"助长了傲慢之心 // 022
"进步史观"将人类变为欲望的奴隶 // 024
经济增长或已不再重要 // 026
"欲望的无限解放"是近代文明的本质 // 029

第 2 章　美国文明正确吗 // 033

由美国"强加的善" // 034
"自由"和"民主"不过是招牌 // 036
缺乏伦理的金融学给人类带来的灾难 // 039
美国的国力已达极限 // 042
庞大的贫困阶层所爆发的不满 // 044
瞄准外资金融机构的理科学生 // 045
太多的人只想坐享其成 // 047
"圣经"到哪里去了 // 049

第 3 章　从"欲望"转入"循环" // 051

明治维新与日本的近代化 // 052
"明治"领导者卓越的洞察力 // 053
具有美好心灵的江户时代的日本人 // 053
"进步思想"反而增添了不知耻辱的人群 // 055
互助共生社会的消失 // 057
为什么应该重新评价江户时代 // 058
"入会权"是优良的共生规则 // 060
重评江户循环型社会的时候到了 // 063
向循环型社会学什么 // 064
"承蒙赐给"对谁而言 // 066
堕落的日本道德 // 066
"战时一代"责不容免 // 067
道德和教养要靠家长的强制性教育 // 069
把"循环"作为最大的价值 // 070

第 4 章　建立"世界联邦政府" // 075

启动核按钮的危险性 // 076
那些祈祷人类和平的人 // 078
将"不杀生"作为道德准则 // 079
EU 可成为"世界联邦政府"的雏形 // 084
先由日中韩三国设立"亚洲联盟" // 086
最初三国达成一致很重要 // 089
谁来当议长国 // 089
人类靠争斗才能发展的观点已经过时 // 090
回归"以和为贵"的传统 // 091
坚持和平主义的民族才是勇敢的民族 // 094

第 5 章　以"利他之心"为主课 // 095

丢失了"慈悲"和"爱"的人类 // 096
赤裸裸的"欲望人" // 097
正确的从商之道 // 098
人的"心"和"体"表里一体 // 100
"心的管理"尤为重要 // 101
"利他之心"是生物的本能 // 102
欲望的膨胀使人忘记了"利他之心" // 103
教授庶民道德的《忠臣藏》和《男儿》// 105
评论家为何推崇丑恶的作品 // 108
赞扬自然主义文学是错的 // 110
抑制浮躁、陶冶精神的古典音乐 // 112
表彰"隐善"的机制 // 113

第6章 思想闪光的力量 // 115

新的构想从何而来 // 116
从摔跤中获得新型陶瓷的灵感 // 116
遭受口诛笔伐、突破常识的学说 // 119
依据直觉的行动产生新技术 // 122
柿本人麻吕魂附我身吗 // 125
太阳能电池的成功源于思想的闪光 // 128
创造就是创建新的常识 // 129
因为欲罢不能而加入通信事业 // 130
持续不断地创造 // 133

第7章 无私的热情带来了成功 // 135

为什么大家公认必然失败的事业成功了 // 136
人有"自燃性"、"可燃性"和"不燃性" // 137
如水般冰凉的理性不可或缺 // 138
自如运用"互相矛盾的才能" // 139
过了80岁后想做的事 // 140
"南无，南无，谢谢" // 142
接收思想闪光的"无私的天线" // 143
无私的观念改变社会 // 145
我为什么能活到现在 // 146
不是"我活着"，而是"让我活着" // 147
一颗在天空中翱翔的心 // 148
不离天道的西乡隆盛 // 153
倒幕成功源于"天之声" // 154

未制止西南之役的"情义中人" // 155
日本人为什么喜爱楠木正成和西乡隆盛 // 156
恢复西乡隆盛的名誉只是时间问题 // 157
顺着王道,堂堂正正活下去 // 159

后记 // 160

译者简介 // 163

第 1 章

文明的崩溃开始了

高度的文明为何消失了
⊙稻盛

一部分有识之士认为,现在的人类社会不久即将归于破灭。我是企业人,在文明论方面缺乏认识。但不久前与梅原先生一起访问了埃及的古代遗迹,引发了我的许多思索。

灿烂的古代埃及文明从5000年前开始,延续了3000年之久。参观它的遗迹,对我而言是一种宝贵的经验。但我从一开始就产生了疑问:如此辉煌的古代埃及文明为什么就消失了呢?

令我印象深刻的是,现代埃及人竟然说:"建造如此巨大的金字塔,不太可能是我们的祖先所为,那是外星人干的,是别的世界的人干的。"

的确,繁华的古代埃及文明同现在的埃及之间有一种强烈的反差。同样,南美的安第斯文明也只剩下了遗迹,创造了这种文明的先住民几乎是突然间消失的。构建了如此高度文明的民族却走向了衰落,那里的文明到现在依然停滞不前。看到这些,我禁不住不寒而栗:现代的人类文明会不会重蹈覆辙呢?

另外,我们还需考虑到今后整个地球可能供养的人口数量。爆发式的人口增长需要消耗的能源、食品等,正在一步步超越地球的承受范围。整个地球规模的文明崩溃,或许在某个时刻即将开始。

这里必然存在一个巨大的临界点,在某个时刻之前,变化或许还在悄悄地进行,一旦超越临界点,问题将以激烈的形式出现,以排山倒海之势汹涌而来。那么我们人类现在该怎么办呢?我们到了必须认真思考的时候了。

在不久的将来,人类会灭亡吗
⊙梅原

有学者提出了这样的论断:农耕文明诞生于 15 000 年之前,自那以来延续至今的人类文明,500 年后即将灭亡。500 年后人类将不复存在,现在就考虑到那时候的地球,进而要改变我们目前的生活习惯,这是很难的。一般的见解是:地球环境固然重要,但因为我们不愿改变自己的生活，所以多数国家不肯提出根本性的对策。比如，地球变暖的原因，大家认为是二氧化碳的过量排放。但是日本的排放量，比缔结《京都议定书》时反而增加了。而增加的排放量，以购买发展中国家的排量配额来抵冲。用这种方式来达到约定的削减目标，是低劣的行为。既然是承诺的目标就应该遵守，从别国购买是错误的。

正如稻盛先生所言，从人类生存这一角度来思考，现在如果再不提出根本性的对策，一旦超越某种界限，人类文明将一举崩溃。这种崩溃发生在100年后还是500年后，尚不清楚，但在不久的将来就会出现，乃是不容置疑的。

石油枯竭，都市将变成废墟
⊙稻盛

我认为不会有500年那么悠长的时间。从现在开始再过50年，到2060年前后，据说地球人口将达到80亿，那时将消耗多少粮食和能源？粮食和能源不足，将会带来巨大的问题。

现代文明从18世纪到19世纪，由英国发明蒸汽机、

第1章 文明的崩溃开始了

兴起工业革命开始，科学技术不断进步与发展，在大量消费能源的基础上，构建了现代的物质文明。纽约耸立起了摩天大楼，日本当然也会模仿，而最近在中国的上海和北京，以及全世界其他主要都市，摩天大楼林立。利用高耸的电波塔所发出的电波信号，人们可以用手机同世界各地通话。

这样的文明，主要建立在以石油为能源的基础之上。然而石油的埋藏量，一般认为只够再用50年。即使再发现新的油田，也不够再开采100年。到时候，如果原子能及自然能等替代能源能够落实、能够稳定，当然最好，但问题并不那么容易解决。

能源一旦枯竭，汽车便无法行驶，摩天大楼的电梯、空调将全部停止，供水也会成为问题。到那时，摩天大楼林立的大都市将化为废墟。100年后那些幸存的人们，仰望作为历史遗迹的摩天大楼，会发出这样的慨叹："20世纪到21世纪的大发展时代竟然有过这样的文明。"

我们必须正视现实，从"人类还有没有明天"这样的观点出发，为解决环境、能源、核武器、民族纷争、宗教战争等问题认真展开讨论。

为什么埃及文明持续了3000年
⊙梅原

人类要摆脱危机,必须从根本上改变现代文明。为此仅仅批判近代文明是不够的,必须从"人类为何物"、"人类曾创造过哪些文明"等基本问题上追根溯源。

古代埃及文明历经3000年,其间虽有古王国、中王国、新王国的反复盛衰起落,却总能维持它的繁荣。虽经亚历山大大帝的蹂躏仍能延续下来,直到被罗马征服而灭亡(公元前31年)。

这一文明构筑了一个优秀、高等级的社会。希腊文明的繁盛期只有400多年,而埃及文明要古老得多、漫长得多。

那么,为什么古代埃及文明能够如此长寿呢?在本书中,我想以我的方式来解析它的原因。但我认为,对自然的崇拜,特别是在对太阳的崇拜中,隐藏着重要的启示。希腊文明中勉强留下了对阿波罗神(光明之神)的崇拜,但这种崇拜几乎丧失殆尽,进入近代文明以后,就完全以人类为中心了。所以,有必要再次提出"回归自然"、"回归太阳"的思想。

也就是说,在思考拯救人类的哲学的时候,首先要提出复活"太阳崇拜的思想"。

人类忘却了对自然的敬畏
⊙稻盛

的确,以埃及文明为代表,古代的人类都对太阳抱着某种信仰,也就是对自然都怀有一种敬畏之情。大家都抱有一种笃定的思想,那就是人类靠自然的恩惠才能生存。

然而到了近代,充满好奇心的人类发挥自身的智慧,推进了科学技术的发展。这个近代文明的发展,不是以自然而是以人类为主体的,似乎发挥人类的智慧就可以随心所欲地利用自然。因此不断地改变自然、放肆地破坏自然,在此基础上,构建了由高度的科学技术支撑的近代文明。

对人类而言,近代文明构建了卓越而舒适的社会。科学技术的发展，让人类觉得自己的一切理想都能实现。从宏观而言，人类飞进了宇宙空间；从微观而言，人类踏入了纳米世界，甚至已经能够操纵生物的DNA。

然而，结果是人类生出了傲慢之心："我们可以为所欲为！""只要让科学技术不断发展，我们将无所不能！"

不错，是人类孕育了卓越的科技，但人类却因此滋生了傲慢之心，现在的人类正在错误的道路上加速奔走。我们不必提倡复古，但应该像古埃及人一样，感谢太阳的恩泽，对太阳抱有虔诚的信仰之情。也就是说，傲慢的人类，应该重新以敬畏之心应对自然，回归尊重自然的哲学。

太阳崇拜才是人类文明的原点
⊙梅原

我提出"太阳崇拜"的观点，契机是与稻盛一起的访问埃及之旅。这次旅行由埃及考古学者吉村作治先生当向导。去年春天我接受了前列腺癌的放射治疗，秋天又接受了蓄脓症的手术，身体有些虚弱，所以最初对于出访埃及并不热心。

但是卫星科学家松井孝典先生劝我说:"你一定要去,去埃及对梅原先生的哲学一定会产生非常有益的刺激。"我也有这种想法,后又听说稻盛先生也会参加,我就觉得非去不可,毅然决定同行。

正如松井先生的预言一样,这次旅行让我收获颇丰,其成果以与吉村先生对谈的形式,出版了《追寻"太阳的哲学"》一书。

旅行出发时,我连走路都不稳,在迪拜机场换机时,只能坐轮椅移动,但回来时已经兴冲冲快步走在大家的前头了。大家都很惊奇,我也觉得不可思议。

为什么呢?一方面,是在沙漠中步行让我的体能得到了训练;另一方面,恐怕是埃及太阳神 Ra 的灵感或能量,让我全身恢复了元气。

一般人都认为,西洋文明始于希腊哲学和以色列宗教,这以前的埃及文明是未开化的文化,真正合理的文化是从希腊和以色列才开始发达的,这是西方知识界多数人的共识。但是通过这次对埃及的实地考察，我认为上述结论是不对的。

早在希腊和以色列文明之前，就有长达约3000年的埃及文明。埃及文明很神秘，而且有关神的观念也发展得非常具有思辨性。从某种意义上讲，其中包含着了不起的哲学。

这一哲学的中心就是太阳神Ra。这个神的有趣之处在于：每日必死。太阳神日出即生、日落即死，接纳他的是莲花，莲花清晨开蕾，傍晚闭合，开放时放出太阳，关闭时吸收太阳，莲花被认为是太阳的母体。

埃及文明崇拜太阳是理所当然的。小麦农业最需要的就是太阳和水，水是尼罗河的水，由Isis女神掌管。Ra和Isis是埃及神的中心，因为对农业而言，最重要的是太阳，其次是水。

稻作农业也一样，太阳第一，水次之。有强烈的太阳光照，有充足的水分，小麦农业、稻作农业都会兴旺。农业文明共同的神就是太阳神和水神。中南美洲的玉米农业也是一样。

再回过来看日本,《古事记》和《日本书纪》里天照大神是中心,天照大神也是太阳神,而且在传说《天之石屋》中,天照大神曾一度死后复活。

日本最古老、最原始的信仰是二见浦的太阳崇拜。二见浦位于三重县的伊势市,一到正月人们专程来此拜日。这种信仰现在依然盛行,在二见浦附近建造伊势神宫绝非偶然,日本神道的核心就是对太阳的信仰。

日本的密教(佛教)也很兴盛。密教的本尊是大日如来,源自对太阳的神格化;密教其次崇拜管水的十一面观音,十一面观音左手拿着水瓶。

然而,当希腊和以色列孕育新的文明之时,太阳神却不见了。从与吉村先生的对谈中得知,以色列人在埃及被当作奴隶使用,他们不是农民,后来由摩西(公元前13世纪著名的古以色列民族领袖)率领他们离开埃及,成为游牧民,他们从事畜牧业,而不是单纯的农耕民族。

这个民族不以农耕为主,虽然也受过埃及文明的影响,但还是创立了新的以色列人的宗教，他们以上帝为唯一的神。

另外，希腊也不是农耕民族，他们属于战争民族或贸易民族。读柏拉图的著作，其中几乎完全不涉及农业的话题。希腊神话中登场的阿波罗虽然也是太阳神，后来却变为预言之神、哲学之神。忘却了太阳崇拜，简言之，就是忘却了自然，创立了以人类为中心的文明。

其结果是，近代文明一步一步脱离了对自然的崇拜，人类处于世界的中心，人类开始支配自然。人类普遍认为，自然可由自然法则阐明，只要研究这些法则，人类就可以把自然当作奴隶来自由支配。基于这种思考，人类就将自然当作奴隶一样任意驱使，这就是产业革命以来400年的人类历史。

忘记了太阳的价值，忘记了自然，由此产生的近代哲学，必须重新回到以自然为中心的轨道上来，清醒地认识到太阳的恩惠。人每天都需要睡眠，从某种意义上讲，人和太阳一样，每天都经历生死循环，我们应该回到这种观点上来。

第1章 文明的崩溃开始了

人一旦傲慢必定灭亡

⊙稻盛

顺着佛陀"知足"的思想去考虑，那么，可以意识到，现代文明到了今天这个地步，已经足矣，即使不再前进也无妨。有人会说："不！还远远不够，我们希望过更加富裕的生活。"我想对这些人说："让我们更谦虚一些吧。"

历史上凡是失却谦虚的文明，全部灭亡了。在这一点上，个人也一样。中国自古以来就有"谦受益"的说法。不管是帝王将相还是实业家，不管取得过怎样的丰功伟绩，一旦失却谦虚，傲慢起来，那就必然灭亡。

但问题是，现在的人类不约而同地一齐傲慢起来，所以回归谦虚、重新树立对自然的敬畏之心，非常重要。在此之上，必须建立人类共同的哲学，特别希望梅原先生，基于上述想法，构建21世纪拯救人类的新哲学。然后，希望全世界的领袖们会聚一堂，集思广益，出谋划策，共同探讨人类的出路。

太阳曾是日本思想的中心
⊙梅原

近代文明以人为中心,认为人类处于世界的中心。笛卡尔所倡导的"我思,故我在"就是这个意思。我从很早前就一直批判这种哲学的错误。

日本自古以来的观念中,就存在"草木国土悉皆成佛"的思想。不仅是人,就连草木,甚至矿物和无机物都有佛性,都可成佛。

原来的佛教只承认动物有佛性,可以成佛,没有植物和无机物可以成佛的说法。"草木国土悉皆成佛"是平安时代末期《天台本觉论》中的思想,这一思想成为镰仓佛教共同的源头。

因此,不管是净土宗也好、禅宗也好、日莲宗也好,其背后共有的思想就是"草木国土悉皆成佛"。其区别只是成佛的方法,禅宗和日莲宗认为"今世成佛",禅宗由坐禅成佛,日莲宗由念唱"南无妙法莲华经"成佛。

第1章 文明的崩溃开始了

另一方面，净土宗和净土真宗认为"现世难以成佛，来世可去极乐净土"。去极乐净土是成佛的第一步。虽然有上述区别，但与"草木国土悉皆成佛"的思想是一致的。

这种思想很有日本特色，日本自绳文时代以来，就把自然当作神，这种观念渗入佛教，形成了日本独特的佛教。

这是一种非常好的思想，我一直以这种思想批判以人为中心的哲学，但有时又感到某种不足，这次去埃及，恰好发现了自然的中心就是太阳。

在日本思想中，神道最高之神是天照大神，佛教最高之佛是大日如来，其中心都是太阳。然而在希腊和以色列，这样的意识却很淡薄，在近代哲学里更是越来越淡薄，他们认为自然应该被人类支配，被人类奴役。

近代西洋所孕育的科学技术与文明，确实给人类带来了富裕，但从负面来看，也破坏了自然，带来了地球变暖等各种各样的问题。从某种意义上讲，由人类傲慢之心所产生的思想哲学，也许会让人类一时繁荣昌盛，但从长远看，正是这种繁盛将导致人类的灭亡。

在《平家物语》中，用"不在平家不成人"来描述平家的荣耀。但平家自那以后仅仅30年，就没落消亡了。与此相同，人类在自诩"不在文明人之列不成人"的过程中，也难免灭亡。对此我抱有强烈的危机感。

如果说，像我这样的哲学家发出这样的议论是不足为奇的，但像稻盛先生这样的实业家，日本首屈一指的经营者也这么想，那就难能可贵了。

然而，更可贵的是，在日本产业界，稻盛先生又是最早把目光投向太阳能，研究太阳能发电的先驱，而且制造出了相关的产品。我一直从哲学角度论述太阳，而从技术角度讲，我也认为太阳能应该成为最基本的能源。

工业文明靠使用化石燃料发展起来，化石燃料来自于远古时代的动植物，当时也靠太阳生存。发明电后，发达国家主要靠火力发电，同时也需要依赖化石燃料。有一种期待，就是以原子能发电替代火力发电，但原子能发电具有危险性。如果发生了太阳能革命，我想或许可以拯救人类。说到这一点,我对稻盛先生和京瓷的先见之明深感敬佩。

在这里,想请教稻盛先生,京瓷从何时开始研究太阳能,动机是什么?

30多年前着手的太阳能发电
⊙稻盛

36年前发生的第一次石油危机(1973年)是一个契机。面对世界范围内能源的即将枯竭,全世界都发出了"应该开发新的可替代能源"的呼声。首先是太阳能发电,然后是风力发电、海洋温差发电等,大家从技术的可能性上议论探讨。当时我想,如果开发太阳能电池,凭京瓷的技术应该可以做到。

于是我向当时松下电器和夏普的领导者提出:"我们是否可以成立一个合资企业,共同进行研究与开发。"他们立即表示同意,合资企业很快成立了,但研究工作进展得却很不顺利。石油危机的阴影已过去很久了,当时石油已能充足供应,大家的热情却减弱了,松下和夏普退出了。但我觉得事业好不容易开了头，到了这一步，就是京瓷单干也要把研究继续下去。

这是一项很花钱的研究，研究持续了30年，太阳能发电才引起了全世界的注意。这项事业很符合大义名分，全世界都满怀期待，都希望见到开发成功，太阳能发电的商业价值也开始体现出来。

看到这里有利可图，现在世界上有很多企业都开始做太阳能电池，甚至有点一哄而上的味道。

我们在这个领域摸爬滚打了几十年，后进者反倒似乎得了便宜。但是从积极的角度讲，由于我们长期艰苦的努力，全世界才开始觉醒："大家都来重视于地球有益的自然能源的开发"，大家都来保护地球环境。这种转变应该值得我们高兴和自豪。

汽车行业加重了地球环境的负担，但现在它们也站到了历史的转折关头，丰田开发了减少污染的混合动力车。制造这种汽车的丰田爱知县工厂的屋顶上铺设了我们生产的太阳能电池，这家汽车装配厂一半的电力通过太阳能发电来提供。在环保的工厂里生产环保的汽车，我们迎来了一个新时代。

"人造太阳"与"重归太阳的恩惠"
⊙梅原

我父亲是一位技术员，可以说是他奠定了丰田的技术基础。30年前，我俩进行过一场"父子对谈"。当时他就断言："将来的能源一定是太阳能。"听到这话时我很吃惊，却给我留下了深刻的印象。

对太阳能发电，当时的丰田并不热心，关心是从最近才开始的。像丰田这样的大企业能够参与进来，我想是一件大好事。

太阳能发电，不单纯是一个能源问题，它背后一定包含"重归太阳的恩惠"这样一种思想，这个思想非常重要。

很久以前，有一位研究核聚变的朋友同我关系很亲密，当初我不得志，他也不走运，但我俩意气风发，组建了a会，信心十足地要创立日本的新学问。当时他满腔热情地向我介绍核聚变这个事业一旦成功，能源问题将全盘解决。"再过十年，核聚变就能完成。"我的这位朋友后来成了日本核聚变研究的中心人物，但可惜核聚变至今没有完成。

核聚变就是"人造太阳"，这种思想同"蒙受太阳的恩惠"正好相反，而且根本上就是错的。真正伟大的是太阳，农业文明的发展全靠太阳的恩泽。在这里，我们要再次回到"万物靠太阳"这个思想上来，将这一思想同技术论融合，创立一种新的哲学。稻盛先生身上就体现出了这种哲学，所以当别人都从太阳能发电的研究领域撤退时，他仍能单枪匹马，义无反顾，坚持到底。

希腊式悲剧都是描绘人们因傲慢而灭亡的过程，《平家物语》也表达了这种思想。我创作的超级歌舞伎《日本武尊》中也有这样的台词："日本武尊最终患了大病，这病毁灭了这位高傲的王子。"总之，无论古今东西，使人走向毁灭的无非就是傲慢。

现在人类的智能还在发展，科技已经进步到可以用人工手段克隆出人的生命，我认为这是非常危险的。不管科技多么进步，人类应该始终保持谦虚之心，因为还有许多事情人类尚不清楚。

在我家的院子里，森青蛙年年产卵，所谓森青蛙就是在树上产卵的青蛙，卵呈泡状。这树的正下方必有水塘，孵化出来的蝌蚪一定落进水塘，产卵的位置极为精准。而且树下哪怕只是很小的水坑，森青蛙也是必在其正上方产卵。为什么能进行如此准确的测量？我们人类是无法解释的。

鳗鱼产卵，一定要去关岛附近的洋面，从日本游到关岛，然后再回到日本。如此漫长的旅行，它们为什么必须这么做？

自然界千奇百怪，人类不懂的事不胜枚举，有人凭着一知半解的生物学知识，就妄想制造出新的人类。

生物学发现了DNA的存在，这DNA在人类和猩猩之间几乎没有区别，人类也是自然界的一员，在DNA层面上，所有生物差别都不大，差别的程度只相当于聪明人和傻瓜之间。从某种意义上讲，正是DNA教给了我们"生物平等性"的道理。

然而，人类却在利用DNA赚钱谋利。生物学教给我们人类要反省自己的傲慢，我们却置之不理，这是十分可悲的。

所谓保护"国益"助长了傲慢之心
⊙稻盛

地球上一切生物的生长，都靠太阳的恩惠，靠太阳的恩惠才形成了地球这个生命圈。在这个舞台上，生物才能持续不断地发展。对包含太阳在内的伟大的自然怀着虔敬的态度，这是天经地义的，所以古埃及人把太阳当作神来崇拜。

我们现代人，也应该对自然的伟大力量抱着虔敬的态度，这样才能稍稍节制人类的傲慢。

人类的傲慢破坏了自然环境，带来了以地球暖化为象征的、深刻的环境危机。地球已处于危险状态，2008年参加洞爷湖西方八国会议的首脑们都承认了这个事实,但谁也不肯承诺"自己率先垂范,为改善环境做出牺牲"。对危机的认识不断加深,但具体对策却向后拖延,会议就这样草草收场。

我以为,"国家"存在的本身就带来了人类的傲慢。不论大国还是小国,不论先进国家还是发展中国家,大家都在争取和维护自己的"国益"。所谓"国益",实质上是"以国家为单位的私利",各国为争夺自己国家的私利而陷入傲慢。

各国只主张自己的"国益",当然会发生冲突。极小、极小的领土归属问题,往往引发了国际性纷争。由开始时小小的火种最终导致了大动干戈,而且在核扩散难以遏制的今天,还可能诱发核战争。为了防止此类悲剧的发生,我们都必须回归谦虚的态度。

在这个小小的地球上,如果各国一味强调自己国家的利益,人类将无法生存下去。以"利他之心"考虑人类全体的利益,国际社会必须建立起能够持续和平繁荣的邻居式的友好关系。

在自然界，在这个狭小的地球上，动植物都在友好地共生共存，只有人类制造出国家，决定了国境，主张自己的"国益"，计较自己的得失。人类要向自然界学习，回归谦虚的美德，感谢自然的恩惠：不是我们在自然中"活着"，而是自然"让我们活着"。如果认识到这一点，我们就应该重新回归谦虚和虔敬的态度。

"进步史观"将人类变为欲望的奴隶
⊙梅原

在学生时代，我就产生了对近代文明的怀疑。在大学时，我喜欢阅读德国哲学家弗里德里希·尼采（1844—1900）的著作。尼采说："自文艺复兴以来，人类陷入了巨大的虚无之中。"所谓"自文艺复兴以来"，就是科学技术发展的时代。当时，无论对西方还是全世界来说，都是所谓"光速时代"，然而尼采却做出了完全相反的预言。别忘了那是19世纪中叶，尼采的见解是非常了不起的。受这种哲学的影响，我也有了同样的预感，所以在毕业论文中，我提出了"进步思想是否会走到尽头"这样的问题。

当时社会上流行所谓"进步史观"。"进步史观"分两种类型,一种认为:"随着人类社会的进步,资本主义行将崩溃。"这种观点在知识阶层中非常流行,但我却有一种直觉,觉得这个观点在某个地方存在一定的错误。

另一种"进步史观"认为:"随着资本主义的发展,就能建立又富裕又便利的理想国家。"这种思想在战后的日本盛极一时,有些思想家甚至提出:"资本主义是正确的,是值得讴歌的。"但是,我认为这种论调也属谬误,我就一直在论述资本主义将崩溃的道理。

战后的日本,有一种强烈的信念,相信"由于科学技术的进步,前所未有的太平盛世即将到来"。最典型的代表就是前首相田中角荣的"日本列岛改造论"。但是大约十年前,这种美好的愿望开始变得令人怀疑,因为资本主义和自由主义发展的结果,出现了环境破坏和核武器扩散等问题,而这些问题都是不好应对与解决的。

20年前,只有一小部分人意识到这些问题,但现在在大多数日本人的心里已经抱有这样的疑惧:"现代文明的方式存在问题",但是,"话虽这么讲,问题总能解决吧"。大多数人愿意心怀乐观,因为人们从心底里"不愿放弃又富裕又便利的现实生活"。可以说，人类已经变成了欲望的奴隶，已经丧失了自己的人性。

稻盛先生对现代文明怀有深刻的危机感，这在日本的经营者中非常少见。稻盛先生的担忧始于何时呢？

经济增长或已不再重要
⊙稻盛

大约从十年前开始，我的这种担忧就一年比一年强烈。正如梅原先生所说，"要追求更加富裕的生活、更加便利的社会"，我们人类将这种欲望当作动力，发展了科学技术，收获了富裕而便利的现代文明，这一切我们统统称为"善"。

在近代文明形成之前，人类为满足自身的欲望开始掠夺自然。"要想富裕，只要利用自然就行"，这种无止境的欲望开始慢慢破坏自然。这种欲望的延伸，孕育了近代科学，造就了高度的物质文明。

然而，当人们开始觉醒时，自然环境的破坏已经达到了触目惊心的地步。地球上规模最大的亚马逊河流域的热带雨林，采伐量年年都在扩大。"热带雨林必须当作人类遗产保存下来！"许多国家发出了这样的警告。但是巴西亚马逊的原住民听不进这种呼声，他们的理由是："多年来，你们将森林砍光，变成农业用地和畜牧的草原，你们获得了发展的成果，而我们却依然贫穷，我们为什么不可以做你们曾经做过的事呢？"对于他们的问题，我们无法回答。

同时，包括日本在内的各发达国家，无论政界还是经济界，至今一致公认，经济增长就是善，通过经济发展追求更加富裕的生活就是正确的政策，因此 GDP 每年至少必须有 3%～4% 的增长，现在正处于大发展中的中国等国家，更要求每年有 10% 左右的经济增长率，不甘落后的其他亚洲、中南美洲、非洲等各发展中国家，也无不追求高速的经济增长。

现在经济增长本身已被作为目的，同时支撑这种经济增长的经济体制又走了样。迄今为止，财富的积累主要依靠实物经济，但这也被看成了过时的遗物，而那些驱使复杂数字的金融经济却大行其道，比如过去作为负债处理的东西，经证券化后拿到市场上去交易，变成了金融资产。

特别是在美国的经济界，他们正在建立一种仅靠金融技术就能牟取暴利的经济体制。然而，最近出现的"次贷危机"已经给这种金融经济打上了一个大问号。

另外，当今的产业界新技术层出不穷，特别是生物高科技的发展引人注目，这种技术如果用来增产粮食，或许对人类生存有益，但是如果违背伦理，将它错误地用来操纵遗传因子，那就将导致人类的灭亡。核技术也一样，根据使用方向的不同，它既可能促进人类的繁荣，也可能招致人类的灭亡。

正如梅原先生所言，在人类活动的所有领域，那些被称为"进步"的事物，它们的负面效应越来越突出。看到这种情况，整个人类都有坠入地狱的绝望感。

在经济界，有人认为"经济增长或已不再重要"，但说这话是禁忌，说的人会被当成怪人，遭到他人的驱逐，所以大家只好都讲"经济增长好"。

像我这样的企业经营者，现在说出"经济增长或已不再重要"，也许会被视为异端，但稍稍学过以佛教为中心的东方思想的人,看到现在的这个社会,首先想到的就是佛陀所说的"知足"这个词。

特别是发达国家,"自己已经足够了,应该满意了",与其自己再增长,不如更多地帮助发展中国家发展,采取这样的经济政策,需要的就是"知足"的观念。

最近,发生了一件可喜的事情,离"知足"观念最远的美国的政治家中,出现了原副总统戈尔这样的人物,他给地球变暖问题敲响了警钟。戈尔所著《难以忽视的真相》一书风靡全球。我和梅原先生的对谈,目的也是给世人敲响警钟,虽然我们的力量并不大。

"欲望的无限解放"是近代文明的本质
⊙梅原

"哪怕中止经济增长,也要考虑人类永续的发展。"这种主张在当今世界是禁忌。然而,处于实业界第一线的稻盛先生勇敢地说出了实话,而且因为他置身于现实的经济活动之中,所以他的意见很有说服力。

在文明的历史上,曾经号称"不灭的大帝国"的罗马帝国，不到400年就灭亡了。现在流行"狗寿"（Dog Year）的说法，指当今社会变化的速度是100年前的7倍，近代文明已有300年，所以，什么时候灭亡已不足为怪。

近代文明的特征，是这种文明已经扩展到了全世界。历史上，古埃及文明灭亡后有希腊文明，希腊文明灭亡后有罗马文明，罗马文明灭亡后又出现了西欧文明及伊斯兰文明等，新的文明接二连三兴起。然而，现在这个文明扩展到了全球，关系到所有人类的存亡。

近代人发明了科学技术，这一点非常伟大。以前，虽然也有"科学"这个概念，却没有"技术"这个词汇。这个词汇源于"征服自然"，它的鼻祖是法国哲学家勒内·笛卡尔。笛卡尔提出："我思故我在。"在这里"我"是绝对的，自然不过作为"我"面前的对象物而存在，而自然依照数学和物理的法则形成，客观地认识这些法则，就产生了科学。这就是诞生在西洋的科学技术文明。

"征服自然是人类最大的幸福"——一种全新的价值观诞生了，而近代文明使这种价值观得到了充分的体现。自然成了人类的奴隶，"加紧压榨奴隶就能增加财富"，进而依照这种思想创建了新的社会体制，并带来了繁荣。

同时，没有及时引入近代文明的亚洲和非洲的多数国家则沦为了殖民地，被所谓"近代文明之父"的欧洲诸国统治。因为科学技术既是经济力也是军事力的根源。

与此相对照，明治时代的日本，及时引进了欧洲的科学技术，获得了巨大的成功。而同时在日本人中，也滋长了"征服自然就能增加财富"的观念。美国和日本从欧洲引入了对自然科学的信仰，促进了本国的发展，其发达的程度甚至超过了欧洲诸国。这个信仰最强烈的首推美国，其次是日本。

笛卡尔说，支配自然的是人的"理性"。同稻盛先生一样，我认为支配自然的是人的"欲望"。表面上是理性，内在却是"欲望"，而"欲望的无限解放"正是近代文明的本质。

现代人可称为"欲望人"，说到"欲望人"让人联想到原始人，但原始人对自然更敬畏、更有自制心。环境问题的根源，在于人类成了"欲望人"却不肯反省。可以说，现代人对外"破坏自然"，对内"破坏人性"。

第 2 章

美国文明正确吗

由美国"强加的善"

⊙稻盛

在第1章中,我与梅原先生一起探讨了人类文明的危机状况以及它的主要原因,即探讨了近代文明存在的问题。在这一章里,我们准备更深入地探讨近代文明的"宠儿"——美国的问题。

日本战败后,美军进驻日本,带来了美国的价值观和大量的美国文化,我对美国最初的印象就是从那时开始的。在战争前和战争中,我属于军国主义少年,接受所谓国粹主义教育,并受到那种价值观的熏陶。美国"自由"和"民主主义"的新的价值观带来了冲击,当时我满心欢喜:"这是多么好的体制,多么优秀的价值观!"

从那时起到现在已经过去60多年了,我对美国的看法发生了很大的变化。当今的美国是超级大国,是世界领袖,但是,它却利用这种地位,把它的"自由"、"民主主义"的价值观强加于世界各国,对抵制的国家实行制裁,有时甚至还动用军队。美国这样做,是要让这些国家承认自己的政治体制不好,需要改革,而美国这种行为所体现的"善",是所谓"强加的善"。

现今的美国,这种"唯我独善"的想法未免过于强烈。过去,美国社会曾经较为自由、较为宽容,能够允许"从左到右"的各种意见并存,允许健全的理想主义有自由呼吸的空间。但偏激而固执的"国家"意识,使美国社会现在变成了只看重自己"国益"的褊狭的社会。

因此,对于那些有损美国的势力,就动用经济、军事、外交等各方面的力量予以压制。美国这样做,就使全世界陷入了深深的不安与混乱中。中近东和南美发展中国家的现状就是典型,就能证明这一点。

我的这个想法从何而来呢?曾经有一个时期,在欧洲各发达国家开展了反对全球化的运动。每当召开国际会议时,就会有很多人举行游行示威。最初我不明白他们在抗议什么,后来才晓得,他们反对"在民族和文化完全不同的人们身上强加美国的价值观",他们认为这就是全球化不好的一面。他们的诉求让我恍然大悟。

在这以前,我一直相信美国这个国家非常了不起,"在全世界范围内行善，伸张正义"，但现在我有了疑问。我不清楚是我变了，还是美国变了。但从世界和平，从人类应该互助友好、共生共存这一角度看，我感到现今美国的许多做法是不对的，是不正常的。

"自由"和"民主"不过是招牌
⊙梅原

我比稻盛先生大七岁，战争结束时，稻盛初中一年级，而我已进入京都大学。当京大的入学仪式结束、回到爱知县多郡内海町的老家时，我的红纸（招兵令）到了。战争期间我已进入了青春期，战争结束时我在熊本的乡下。因为受了旧制高中自由主义思想的影响，我对日本军国主义、对战争抱着怀疑的态度。"为了这场战争，有多少日本人必须去死呢？""我自己也会被迫当兵赴死。"我终日抱着痛苦度日。

战争结束时，许多日本人都因战败感到沮丧，而我正相反，我对"战败救了我一命"这种感觉更强烈了，同时，对美国强加的民主主义我也充满了怀疑与抵触。战后一段时间，我对政治漠不关心，抱着虚无主义的态度。

美国是近代欧洲思想的忠实继承者，而创造了近代文明的欧洲人，如今却在怀疑欧洲的基本思想。结果是，许多欧洲人热心地参与解决环境问题，而美国的大多数人直到现在还相信，近代的欧洲思想是绝对正确的。这就存在很大的问题。

在第1章里已经提到，近代思想的特征，第一，是对科学的信仰，把自然当作人类的奴隶来驱使，进而无止境地追求人类生活的富裕。可以说，这就是美国人最基本的价值观。实用主义思想发源于美国，这一思想也是出于对科学技术乐观的信仰。

第二，就是刚才稻盛先生所谈到的"自由"和"民主主义"。人们认为，依据民主主义思想，通过选举选出议员，由他们来管理国家是最妥当的。

应该怎样看待这两个最基本的理念呢？"通过科学技术无止境地追求人类生活的富裕"这一思想，我历来是怀疑的。历史不可能朝单一方向直线前进，"无止境的"单方向发展必然遭遇挫折。

当初,"进步""革新"这类词汇都表示"善",我同样也是怀疑的。与此同时,我预言基于进步主义的文明会崩溃,那就是相信资本主义可以无限发展的美国文明必然走向崩溃。这一预言让许多人大吃一惊。

再说"自由"和"民主主义"。的确,从表面上看,美国强调"自由"和"民主主义"是正义,独裁和专制国家是罪恶的,但实际上,美国更看重的是自己的国家利益。美国为了击溃当前的敌人不惜在背后援助独裁和专制国家,采取所谓双重标准。特别是在当今混乱的世界形势中,民主主义更是招牌,在这块招牌背后,呈现出强烈的美国国家主义色彩。

在2003年伊拉克战争爆发时,我就说过"这场战争不是为了伊拉克而是为了美国,所以它是不好的"。罗马帝国为什么灭亡?因为远征,经济不堪重负,军队缺乏士气,最终导致了罗马帝国的灭亡。这样看来,美国就不该把军队派到地球的另一面。不管现在运输多么便利,向一个宗教和习俗完全不同的国家派兵,仍然非常忌讳。我想,结局会同罗马帝国一样,伊拉克战争或许会成为美国衰亡的开端。

当初我曾经公开表态:"'9·11'恐怖袭击虽然是极其严重的事件,但现在应该极度忍耐,重新审视政策,只要采取和解的态度,美国不会衰亡。"我还指出:"如果布什总统攻击伊拉克,是因为石油,是因为他的父亲老布什因海湾战争没能连任,如果是出于这类自私的动机,那么这场战争更无取胜的可能。"我个人极少发表政治性言论,但这次居然让我说中了。

所以,现在美国已经到了非常时期,"再这样下去,美国必然衰退,这就是现在美国的国民舆论。美国要进行根本性改革,要变更基本路线,这样的时刻已经来临。怎样思考"科学信仰"、"自由和民主主义"、"国家主义",这些非常严肃的问题已经摆在美国面前。

缺乏伦理的金融学给人类带来的灾难
⊙稻盛

还有例子说明,美国在维护自己国家的利益时有多么固执。

最典型的是对待《京都议定书》的态度。为了改善地球环境，减少使地球变暖的 CO_2 等气体的排放量，世界各国经协商达成协议。但作为 CO_2 最大排放国的美国却不予批准，至今还在大量排放。

在核武器持有问题上也是如此。美国的态度非常矛盾，它一方面说，为了避免人类互相毁灭，必须阻止核扩散，而同时又说，"我们已经持有的核武器不能废弃"。更矛盾的是，美国制造了小型战术核弹头并提出可以用于局部战争。在继续保存原有核武器的基础上，又制造出新型核弹头，嘴上却又强调核不扩散，这明显不合逻辑。

我正在考虑，请世界上的有识之士，特别是哲学家，一起来讨论"国家是什么"这个问题。"国家真的是值得付出一切牺牲也必须保卫的那种存在吗？""国家的存在不正是纷争的根源吗？"以此来向以美国为代表的各国的国家主义观念敲响警钟。

另外，前面已提到，人类迷信"进步即善"的观点，在此基础上，让科学技术无节制地发展，先造出了核武器，最近又产生了改编遗传因子结构的克隆技术。

第 2 章　美国文明正确吗

在这些领域，特别先进的就是美国。地道的美国人，他们即使从理工科毕业也不愿进制造业，而是要到更赚钱的金融部门就业。因此，美国不断从印度和中国引进聪明的学生，其中优秀的给予永久居留权，让他们搞研究。依靠他们，美国取得了在生物及 IT 等尖端领域的科技进步。

令人担忧的是，美国人开始从制造业抽手，"通过吃苦流汗地制造产品来发展经济，简直太累了！"这种事让那些勤奋国家的人去干，自己只做设计和销售就行。另外，"以钱生钱最省力"，由此产生了"金融工学"，雇用头脑聪明的数学家，开发复杂的金融技术，在黄金、石油、大豆、玉米等期货以及股票的基础上，制造出金融衍生产品，利用这种产品不费吹灰之力地赚大钱，从而维持美国世界第一经济大国的地位。这种做法是非常危险的。

2008 年夏，纽约市场的原油价格继续飞涨。这并不是因为产油国减产，或需求增长，最大的原因是巨大的投机资金涌入商品市场。只要涨价就能赚钱，因为能赚钱就投入更大的资金，这样的循环促使油价一路飙升。油价暴涨给世界带来了灾难，然而投资家们为了能让自己赚钱还在尽力提高价格。现在，尝到甜头的投机家们又涌进了芝加哥谷物期货交易市场。结果是，原本粮食就短缺的发展中国家，许多民众活活饿死，陷入悲惨的境地。不得不说，美国的资本主义已进入了"伦理丧尽"的阶段。

这样下去还会引发国际性的大问题。随着金融技术的发展，运用基金就可以回避风险，这被公认为是了不起的进步。然而，这种扭曲的经济活动究竟能持续到何时呢？它果真能给人类带来幸福吗？它不会带来灾难吗？这些问题，我们难道不应该重新思考吗？

美国的国力已达极限
⊙梅原

美国是一个资本主义的实验国，实验大体上是非常成功的，可以说是雄冠历史、卓越的成功。其结果是美国在很短的时期内迅速崛起，成为世界性超级大国，这是19世纪到20世纪中一个象征性的事件。

然而，如今美国的实力已达极限。至今为止，支撑美国超级大国地位的，表面上是"自由"和"民主主义"，实际上是"世界第一的军事力"和"世界第一的经济力",其象征之一是核武器,但核武器已经不再是美国强大的标志了。

核武器本来是决定性的军事力量,使用它可以杀死几百万、几千万人,弄得不好,它甚至可以毁灭整个人类。这样的东西,在现实中实际上不能使用,所以美国又造出了"战术核弹头"这种小型核武器。但这种武器其实也不能用,因为美国如果开发小型核弹头,那么美属的敌国或者恐怖分子也会设法拥有这种武器,如果美国使用小型核弹头,那么受到攻击的国家或者恐怖分子就会报复。结果同屠杀几百万人的大型核武器一样,小型核弹头实际上也很难付诸使用。

特别是在当今这个时代,如果使用核弹头,它所造成的惨况,通过影像瞬间就会传遍全世界,因而受到全世界人民的谴责,所以这类武器就更加不能使用。这样看来,美国的军事优势是非常脆弱的。

另外,在经济实力方面也有类似的情况。支撑美国经济的,是运用最新科技制造出来的产品。但正如稻盛先生所言，美国正从制造业抽手，开发了现代金融学这类有缺陷的学问，专门用它来赚钱，可以说，这是资本主义的末期现象。这样一个自私的美国，摆脱《京都议定书》的约束就不足为奇。因为要促进经济发展又要限制排放，它做不到。欧洲诸国已经感受到了危机，开始在环境问题上进行新的探索，而美国呢？比起人类的灭亡，美国更担心自己经济实力的衰退。

另一方面，《寂静的春天》的作者雷切尔·卡森，《难以忽视的真相》的作者美国前副总统戈尔，他们都发出了大胆而直率的声音：环境恶化将置人类于死地。尽管美国不乏这样的有识之士，但作为美国整体，至今还没有从正面来应对地球环境这个重大的问题。

庞大的贫困阶层所爆发的不满
⊙稻盛

美国的现代文明，一方面构筑了非常繁荣的社会，另一方面又创造出了大量的贫困阶层。2005年飓风"卡特里娜"袭击了美国南部的主要城市新奥尔良。那时让我吃惊的是，美国有很多穷人没有汽车。

我本以为，在美国没有汽车就无法生活，但当洪水汹涌而来、没有车子就无法逃生时，我这才知道，在美国南部的中心城市竟有那么多穷人。

而美国的大企业和骨干企业的经营者们却无不享有高额的薪金。亲自创业成功的企业家姑且不说，那些职业经理人，包括股权收益在内，年收入达 20 亿~30 亿日元都不稀奇，如果连续 5 年，那将是一笔相当可观的财产。"这么高的收入未免太过分了！"社会上理所当然会出现这样的批评。

一方面是高收入的富人，另一方面是大量存在的比日本普通民众收入低得多的贫困阶层，美国的贫富差距太大了。美国充满了由此积累的不满和愤怒，一旦发生事端，就有急剧爆发的可能。

瞄准外资金融机构的理科学生
⊙梅原

这话让我想起我孙子的一位朋友，他还在读理科研究生时就已在外资的金融机构就职。在这家公司里，刚刚硕士毕业的年轻人，年收入就能有几亿日元。当然前提必须是夜以继日、拼命工作，但想想3年下来就能有一大笔钱，所以他决定去那家公司。给研究生刚毕业的新员工几个亿的报酬，真有这样的公司吗？我一直抱着怀疑的态度，现在听稻盛先生这么一讲，我就明白了。

我对理科毕业生到外资金融机构工作感到很担心。不容置疑，近代日本的发展依靠的是工业。在西方，工学系属于理学部。而明治的日本政府特地将工学系独立出来，成立了工学部，有规模的大学把一半教师放到了工学部，所以第二次世界大战前理科的高才生都乐意去工学部，这就是日本富强的原动力。我父亲就是东北帝国大学工学部出身，随后进了丰田汽车，对日本汽车产业的发展做出了贡献。当年去医学部的大多是医生的子弟。

但战后医生最赚钱，所以高才生们又瞄准了医学部。其中只有最优秀的人才才能进东京大学和京都大学的医学部。这样的结果也有弊病，那就是一些对人缺乏爱心的人也进了医学部，头脑聪明却不会与人相处的医生增多了。

但最近听京都大学的教授讲："医学部的教授不行了，

收入少了。"医生不再是人人称羡的职业了，代之而起的，是从事企业并购交涉的国际性律师以及进入金融界的人士，他们做着一攫千金的美梦。世道真的变了。

太多的人只想坐享其成
⊙稻盛

现在日本的外资金融机构，特别是基金投资公司，进公司只几年的员工年收入就几千万日元，一点也不稀奇。这些公司汇集投资者的资金，购买日本企业，经改造包装提升价值后再出售。

还有，从投资者那里集资几千亿日元，使用其中几百亿日元购买可能上市的公司，协助它上市，做这种事情的往往是日本年轻的基金管理员，比如有一个10人的团队操作300亿日元的公司，如能顺利上市，3年内升值为600亿日元，就有300亿日元的利润，其中250亿日元由美国的母公司拿走，剩下的50亿就由这10人分享，工作3年一人可以分得5亿日元。

比如，某基金购买日本的银行，让它再生后获得巨额利润，其中起主要作用的就是这些日本幕僚，他们自然也获得了优厚的报偿。当然只有成功才能得到这笔酬劳，但三五年内就能取得丰厚的收益的确是事实。因此，每天即使通宵达旦拼命工作，不管文科还是理科，只要头脑机灵的人还是都希望到这种公司工作。

这样的人美国比日本更多，他们年纪轻轻，一旦拥有巨额财富，或买豪华游艇，或悠然自得，过起"少年老头"的生活。

但是，这样的人真的幸福吗？我很怀疑。年轻时出手阔绰，到了60多岁，就变成"寒酸可怜的老人"，这样的事例很多。那些工资不高却踏实工作的人，虽不能奢侈，却过得相当幸福。

因而让我想起了《伊索寓言》中"蚂蚁和蝈蝈"的故事。有人说，从前的故事已经不适应现代了，但是这种说法不对，这个故事讲的就是现在的事实。"在酷热的夏天辛勤劳作，简直是傻瓜！"讲这话的人迟早会吃大亏。不从这个故事中吸取教训，不愿流汗，想要不劳而获，一味追求眼前的快乐，这是当今危险的社会潮流，这也正是美国式资本主义萌生的弊端。

"圣经"到哪里去了
⊙梅原

真是可怕的价值观变异！"不劳而获是恶"一直是我人生的信条。比如有缘与市川猿之助先生相识，受他委托我创作了超级歌舞伎《日本武尊》，从初演到现在已经过了20多年，听说观众有数百万之多。这期间经常有若干剧本创作费不断寄来。演员们每次必须登台演出才能赚到钱，而我什么都不干却还能挣钱，我觉得很不安。但现在听说有的年轻人一下子可赚数亿日元，我的罪恶感就消失了。

我一直以为美国棒球职业联赛球员的年薪过高，但现在有的人收入比他们还高得多，而与此同时还有很多穷人，甚至有人连饭都吃不饱，这是美国的社会现象，日本也在向这个方向发展。

与此同时，在世界上贫困的国家里，粮食危机严重，有很多人饿死。把人类从饥饿中拯救出来，这是近年来才做到的事，而现在再次陷入饥馑的可能又在逼近。或许不久的将来，日本也会出现饿死人的现象。

买进石油，囤积起来，提高价格，带动物价上涨，引发粮食危机，饿死人，引起暴动。"这一切与我无关，只要我能赚钱就好"，抱这种想法的人越来越多。从某种意义上讲，这正是卡尔·马克思所预言的结果。马克思称资本家是恶人，而现在发金融横财的那些人就是贪得无厌的家伙。

资本主义的初始基础是"一手拿算盘，一手拿圣经"的新教徒精神。基督教伦理节制了人们对欲望的追求，由此促进了资本主义的发展。那么现在，如此关键的"圣经"跑到哪儿去了呢？

第 3 章

从"欲望"转入"循环"

明治维新与日本的近代化
⊙稻盛

在第1章里梅原先生指出"欲望的无限解放是近代文明的本质",它同时带来了"环境破坏"和"人性破坏",我完全赞同。

第2章论述了自由和民主主义的化身——美国让人类陷入危机的可能性。本章再回过来谈一谈日本。

日本人也建立起了近代文明,表面上看也非常出色。明治维新,特别是战后的日本,同美国一样,以欲望为动力发展起来,这一点应该怎样评价呢?

前几天,我首次访问了越南和柬埔寨,目睹了它们的发展状况。越南和柬埔寨以及菲律宾、印度尼西亚等亚洲诸国过去曾是欧洲列强的殖民地,100多年来,进步迟缓,陷于贫困。不仅是经济,在社会体制、教育等各个方面都非常落后,直到最近才能够独立并开始发展。

当初如果明治维新失败了,日本也可能会沦为殖民地,陷入同亚洲各国同样悲惨的境地。明治政府以来的富国强兵政策以及霸权主义给近邻各国带来了很大的伤害,这是确实的,但作为一个国家,日本是从那时开始走向近代化的,这一点应该予以肯定。

"明治"领导者卓越的洞察力
⊙梅原

日本很早就接受了近代文明,是因为明治时期的领导者具有卓越的洞察力。当时对萨、长政府虽有许多批判,但维新的中心人物大久保利通(1830—1878)、伊藤博文(1841—1909)等人长期在欧洲考察,为当时欧洲的进步所震惊,认识到日本再不进步必将沦为殖民地,因而拼命引进近代文明,这在当时意义巨大。为了统一日本国,建立国家的中心,就要宣扬国家主义和天皇制,这在当时也是成功的,但现在它的许多负面效应凸显出来。

具有美好心灵的江户时代的日本人
⊙稻盛

我也有同感。近来政商各界丑闻频发,由此看到了所谓"日本的败相"。对明治时代发生的一切是否都要肯定呢？这引起了我的思索，由此我想到了明治以前的日本人。

江户末期至明治初期，访问日本的外国知识分子，看到当时还是武士社会的日本就会发出这样的惊叹："这是一个具有多么美好心灵的民族！"当时尚处于农耕社会，什么都落后，陆地上交通工具只有轿子，人们依靠耕作有限的土地养家糊口，稍有气候变化就会影响作物的收成，遭遇饥馑。农民以耕种稻谷为主，过着非常贫困的生活，说得好听点，是过着非常纯朴的生活。看到他们，外国客人们称赞说："日本人极为讲究文明礼貌，对陌生的行人也会主动招呼，亲切款待。"

当时的日本社会，处于"锁国"这种封闭的状态，如果不能与周围的人和睦相处，分享有限的资源，就难以生存。在这种情况下，只有重视礼仪礼节，培育善良的人性，社会才能稳定。

但是近代化以来，日本壮大了军力，不仅要支配自然，而且要统治周边的民族，通过掠夺来发展经济。现在虽然没有了殖民地，但仍然变着法儿干涉别的国家，在所谓经济援助的美名之下，扩张日本自己的权益。

抑制欲望，觉醒过来，用与欲望对立的"慈悲"、"同情"、"互助"、"利他"的价值观与周边国家的人们共生共存。现在日本人已经到了改变自己价值观的时候了。

"进步思想"反而增添了不知耻辱的人群
⊙梅原

江户末期至明治初期，许多访问日本的西洋人都把日本人想象成"梳着发髻、佩着刀剑的野蛮人"，但接触后发现，这是一个礼仪优雅、道德性很强的民族。最有代表性的外国人是拉夫卡迪奥·赫恩，也就是小泉八云，他写道，比起东京及熊本，出云这地方的百姓更懂礼、更知耻。出云的日本人被认为是最古老的部落人，当时有一个人因为不愿"蒙羞忍耻"而自杀。小泉八云为此人高度的羞耻心感到震惊。

小泉八云写道，出云的海面上有一个隐歧岛，在那里没有一家门上挂锁，也就是说，这个村子没有小偷，完全可以让人安心。这样的事情在西洋是不可思议的。

不只是小泉八云，很多外国人都不约而同地赞赏日本人的品性。

但是，小泉八云同时也感叹说，日本人这种优秀的品质将会慢慢丧失。他书中写的是明治20年的日本，他担心随着引进现代文明获得成功，日本人将会失去优良的品性。事实上后来的日本，因为所谓"进步思想"而变成了强国，但与此同时道德品性却逐步趋向低劣，所谓"不知耻"的人多起来了。

对日本人而言，"耻"是非常重要的价值观。将"罪"与"耻"比较，日本人更看重"耻"。有人认为，"罪"是内在的观念，"耻"是表面的浅薄的东西。这不对，"可耻的事不可做！"这种信条基于深刻的道德观，所以日本人憎恶撒谎。

从某种意义上讲，"耻"表达了一种"自尊"，在蒙受耻辱时有人宁可切腹自杀。这种"耻"的观念现在已经变得非常淡薄，"有什么必要感到耻辱呢？"无耻的、不懂羞愧的人正在大量增加。

互助共生社会的消失
⊙稻盛

社会还在助长这种风气,"介意耻辱就没有出息",这种内容的书籍居然还在畅销,实在令人叹息。"知耻"意味着谦虚地审视自己,这种观念同待人时充满慈爱的"亲切"与"同情"之心相连。从前的日本社会把"知耻"看作天经地义的事,真的很了不起。

在过去漫长的日本社会里,旅行靠走路,脚上穿着木屐,至多用草鞋,当然,也有作为便利的移动手段的"车"的概念,比如平安时代有"牛车",但日本人不再改进它;把车系在马身上跑起来更方便,但日本人宁愿用轿子。其中的理由,我想是,当时的日本人非常简朴,他们只想使用现成的东西,乐于互助共生。所以,当时的日本社会平和、亲切、彬彬有礼。

然而,进入近代,人们开始放任欲望的膨胀,"生产率还要更高效,生活还要更富裕","我啊我"的只顾自己,对他人的同情心淡薄了,互助心消失了,过去那种美好的人性渐行渐远了。

为什么应该重新评价江户时代
⊙梅原

20 年前，日本的近代化被认为是百分之百正确的。岛崎藤村创作的近代礼赞小说《黎明之前》中写道："江户时代一片黑暗，到了明治时代天才亮。"这本小说受到好评，长期以来一直是中小学生的必读书。但最近，"重新评价江户时代"的呼声越来越高涨，我认为这是好事。

为什么应该重新评价江户时代呢？不管怎么讲，能够维持整整 250 年的和平，这一事实就足以让人惊叹。遍观全世界，在长达 250 年间，能够始终保持一国的社会稳定，这样的事几乎没有。顺带提一句，平安时代的 200 年也非常稳定，连死刑也不曾发生。

由于社会长期和平稳定，文化也跟着繁荣起来。18 世纪日本人的识字率要超过英国和法国，居世界之首。这与"参觐交代"制度使江户文化向全国展开的影响有关。另外，全国各地都有私塾、藩校，大多数孩子都可以在那里学习读书写字。

还有一点值得肯定，就是和自然的共生。人们在命运的安排下，过着自给自足的生活，几乎不破坏自然，形成了一种近乎完美的循环型社会。江户时代盛行"俳谐连歌"，就是利用别人的俳句来创造新的俳句，这种手法可称为"典型的循环型艺术"。正像春夏秋冬周而复始一样，大家过着虽无进步但却非常安定的日子。那种形态的社会，现在引起了人们的关注。

还有在宗教方面，那也是一个颇有特色的时代。神道、佛教、儒教、道教融合在一起，影响了日本人的信仰。其中神道最看重"清心"，就是教人在神的面前不可说谎。

佛教如稻盛先生所说，提倡"同情"与"慈悲之心"，提倡精进，提倡在生气时要忍耐，不引发纷争。

儒教总是强调"仁"，也是同情的意思，另外还重视"信"，认为信用最重要。

就这样将各种教义综合起来，塑造了人们的道德心，这就是江户时代的日本人所做的事。

然后到了明治时代，一切都被"忠君爱国"的口号统一，而这个"忠君爱国"在1945年战败后又遭到了否定。此后的道德教育成了空白。于是宗教和道德被轻视，欲望开始抬头，每个人都成了"欲望人"。

在这种状况下，"聪明的欲望人"在抑制自己的欲望后出人头地；"愚蠢的欲望人"在利令智昏后走向犯罪。无论是发迹的人还是犯罪的人都是"欲望人"。这种现象不限于日本，但日本似乎更严重。然而在日本某些偏僻的角落里，或许至今还残留着古代纯朴的民风。

"入会权"是优良的共生规则
⊙稻盛

一些国家的山村里有许多光秃秃的山丘，而日本的山村却森林茂密。从前日本农村用柴薪作燃料，而这些柴薪都是树枝。把大树锯断当柴火当然效率很高，但村民们不这么干，他们只砍树枝，甚至只拾落到地上的枯枝残叶。所以，森林没有遭到乱砍滥伐，完好地保存至今。他们有

第3章 从"欲望"转入"循环"

一种智慧,知道人不可以征服和掠夺大自然。

在大约50年前,我们拿到滋贺县一块山林地建造工厂,工厂后面是赤松林。工厂建成后的第一年秋天,林子里有很多松茸,员工们采集后在树林里煮火锅。大家以为多了一笔财产,非常高兴。但到了第二年秋天,那地方树起了一块牌子:"禁止采集松茸!"而且周围拉上了绳子。原来前一年我们做的火锅的味道飘到了村落里,村民们就采取行动了。

这块山地已归我们公司所有,他们为什么要这么做?他们说,这周边生长的松茸都为村落的人们所共有,不管土地所有者是谁,谁都不能任意采集。如果要采,必须投标购买。想要松茸,在它还没长出时就要提出申请。"这一带的松茸我要买",付钱给村里,这钱归全村人共有。这是规矩,特别不允许"我啊我"的强调个人。

听到这些话,我的第一反应是:"村民们的话未免太过分了吧。"但其实,这就是所谓"入会权",是日本自古以来的风俗，是维持村落秩序的优良规则。日本的山村能够长期保持原貌，不曾荒废，靠的就是这样的规则。流入各家农田的水也有分配的规则，不允许个人乱来。彼此抑制自身欲望的膨胀，才能达到共生共存的目的。

在不久的将来，因为老龄化的发展，日本人口可能大幅减少，甚至成为老人国，为了补充到那时劳动力的不足，有人提出了应该接受外国移民。

但是我认为没有那种必要。少子老龄化，反过来想，会促使日本成为人口适当、居住舒适的社会。如果不想在经济上、军事上称霸世界，一个适宜生活的国家是最理想的。我的这种想法或许会被贬斥为"萎缩性思维"，但是，在日本列岛，人们在保持优良人性的同时，能够共生共存，这难道不正是理想社会的情景吗？

这也许又会被斥责为"闭塞的、经济不发展的社会"，但我们也可以说，这是一个"精神发展的社会"，在这个社会里，大家分享有限的资源，彼此互助合作，培育和维持优良的人性。

重评江户循环型社会的时候到了
⊙梅原

正如稻盛先生所言,在思考地球重生、构建新的社会体制的同时,有必要重新审视250年的江户文化。江户时代是一个极为封建、剥夺人民自由的时代,这种见解在一个时期内曾是日本的主流,但这种看法是错误的。

比如从表面看,江户时代好像确立了不合理的身份制度,但实际上录用优秀人才的通道还有很多。即使江户幕府,表面上看由将军、大名构成金字塔形的组织,但仍有许多身份低、实力强的人才升上了高位。另外"侧用人"制度被看作坏事,但它却是录用人才的一个好办法。

在江户时代,即使是皇帝,如果他无能,也会让他尽早隐居,由新皇帝代替。这是一种在和平中进行的革命性制度,这种制度非常强大。

在江户时代,一切自给自足,全部都是循环,农作物以人粪为肥料,培育出来的作物供人食用,人排泄后又成为肥料。

明治后，这种循环型社会遭到了破坏，变成了所谓"发展型社会"，由此社会富裕了，但环境却被破坏了，人心大大地荒废了。所以，再次审视循环型社会，重新评价江户时代，是非常重要的，而且目前持这种观点的人数正在增加。

向循环型社会学什么
⊙稻盛

江户时代是循环型社会，它是和谐的，而且不破坏自然。话虽这么说，但"回归江户时代"也是不可能的。怎么办呢？学习江户时代的优点，如何将这些优点融入现代社会，这才是我们应该思考的问题。

现在已经不是循环型社会，而是单向通行的社会，一味地剥夺、浪费与盲进。现在最要紧的就是学习循环型社会，将其长处引入现代社会，加以变通，适当应用。人类想要继续生存下去，除此之外别无他法。

以种稻和渔业为生的日本民族，从弥生时代到现在，一直维持了以太阳和水为中心的优秀的循环型社会。因此，在日本保存完好的森林比哪个国家都多，在村落里人们互助共生，其典型就是前面讲到的"入会权"，不仅是森林，即使产权属于个人的土地，在那里生长的蘑菇也好，落下的树叶也好，一切都为村落的人们所共有、所分享。特别是水稻农业，水的分配非常重要。如果认为这水"只能引入我的田地"，是根本行不通的，只能齐心协力，互帮互助。

在那种环境中所产生的日本人的睿智，同刚才提到的循环型社会一样，都值得今天学习和应用，而且这也是今后的课题。

从前日本人的生活极其贫困，但是"真难得，谢谢"这样的感谢之辞，随时可以脱口而出。要在简朴的生活中大家同甘共苦，一般是很难做到的，所以"真难得，谢谢"这种表达感谢的语言很自然就说出口了。由衷的感谢会唤起积极的回应，"这是一个拥有多么美好心灵的民族啊！"外国人都有这种感觉。

还有"不敢当"这个词，"像我这样的人，还能受到如此的关照，真的不敢当。"同样意思的还有"诚惶诚恐"这样的词。这些词汇中隐含着日本人的美德，这种美德的丧失催生了今天这个浮躁、矛盾百出的社会。

"承蒙赐给"对谁而言
⊙梅原

我从孩童时代起直到现在，饭前要说"承蒙赐给"，饭后要说"承蒙款待"。那么这个"承蒙赐给"和"承蒙款待"是对谁而言的呢？是对天、神、佛这些超越人类的存在而言的。比如说"承蒙天的恩赐"。再者，对提供食物的农民说"承蒙赐给"。在饭后对上述存在和农人说一声"承蒙款待"以表达感谢。

还有"老天爷"这个词也一样，人们常说"老天爷，对不起！"这"老天爷"也是神佛，对其表示忏悔，认为"老天有眼，所以不可骗人"。

堕落的日本道德
⊙稻盛

听了梅原先生的话，我又想起一件事。前几天的新闻报道说，有位家长来学校参观，看到孩子们饭前说"承蒙赐给"，就抱怨道："为什么要让孩子们说'承蒙赐给'呢。"

"孩子吃饭我是付了伙食费的，不是'承蒙'学校白给的，所以要我的孩子说那样的话没道理，我受不了。"我想，这位家长的话说明我们的道德已经堕落到底了。

"战时一代"责不容免
⊙梅原

这位家长之所以有这种态度，是因为没有人对他们进行过道德教育。过去是僧人做道德教化的事，但后来从初等教育开始，就将僧人排斥在外。和尚不能教，神道的教主也不能教，而家庭也完全不教，母亲大多教的都是"快点出息赚大钱"之类的话。所以，孩子们的想法就变成："好好学习就是为了让父母高兴。"当然这也算不上错，但如果仅仅是为了这个目的，问题就来了。所以在家庭之外，需要有道德教育的场所。

现在一提"道德"，人们马上想到军国时代的"爱国心"。其实不是这样，我说的道德是指"不说谎"、"要精进"、"要怀有慈悲之心"等。这些做人的基本准则必须教，而且首先要教家长，因为现在家长们的思想是有问题的。

我们父辈这一代，还在用江户时代的价值观教育子女。我的生母在我很小时就去世了，由伯父伯母抚养我长大，我也一直以为伯父伯母就是我的亲生父母。我的伯母即养母是尾崎红叶（小说家，1867—1903）的高徒小栗风叶（小说家，1875—1926）的妹妹。风叶先生好酒色，但我的养母完全遵照《女大学》（江户时代中期发行的道德教本）中的教诲认真实践。每天早起晚睡，有好吃的，总是先满足我这个非亲生孩子。《女大学》中有一条是："如无子女，就领养丈夫亲戚家的孩子，像自己亲生孩子一样爱护他。"我的养母忠实地履行了这一条。同时养母还教我"不说谎"、"要与人为善"等做人的道德。

然而，我们这些"战时一代"就没有对自己的孩子进行过认真的道德教育。1946年由于战败颠覆了当时的价值观，人们对道德产生了不信任感，所以虽然鼓励孩子"去学校学习"，但"应该成为这样的人"、"应该有这样的道德"这种最基本的东西却没人教。当然，父亲的品行正直，教育出来的孩子也会正直；父亲努力工作，教育出的孩子也会懂得努力的重要性，但是缺乏言传身教仍然是一个大问题。

从这个意义上讲，我们这一代是"怠慢的一代"。我自己也是过了 70 岁以后，才开始公开强调"道德的重要性"。以前讲道德教育似乎就是伪善，作为哲学家，我都抱有这种想法，其他人就更别提道德育人的话题了。现在的日本社会之所以混乱，我感到这方面我们自身也是有责任的。

道德和教养要靠家长的强制性教育
⊙稻盛

我们这一代，对自己子女道德教育的怠慢，不仅是因为战争的后遗症，即对战时道德的罪恶感，还因为在战后教育中，将"教育不可强制"这种空洞的漂亮话当作金科玉律，认为强制性教育将剥夺孩子们的自主性和创造性，所以要反对。

但道德和教养，不靠他人带有强制性的教育与培训，而靠小孩自己思考、自己塑造，那是不可能的。看看动物世界吧，什么可做，什么不可做，一切行为都由动物家长所教授，为此它们不惜咬痛自己的孩子。所谓道德，就是做人应有的姿态，这本来就该由父母来教，哪怕是带着强制性。

家长们出于对过去战争的罪恶感，以及自信的丧失，放弃了教育孩子的责任。而梅原先生正是以极大的勇气来谈论道德和宗教以及有关儿童教育的问题。我想更重要的是，希望有更多的日本人来响应梅原这样的先觉者，并采取切实的行动。

把"循环"作为最大的价值
⊙梅原

明治以后，特别是对于战后的日本人来说，"循环"是不好的，进步和发展是"善"，循环是"恶"。我进大学后对时间进行过研究，中世纪的西洋，时间是直线型的，时间从"地上的世界"朝着"神的世界"前进。

到了近代，"神的世界"消失了，但这个"地上的世界"却不断进步，而进步和发展就是最大的价值。实际上日本

第3章 从"欲望"转入"循环"

的政党提出的目标都围绕着进步,并一直将进步置于价值的中心。

然而,所谓进步,实际上是朝着地狱进步也未可知。我们还是需要把循环作为最大的价值,让孩子能像父母一样生活,这样的循环最重要。

日本的俳句重视循环,俳问总是咏叹轮回的春夏秋冬,我们应该接受"俳句型"的思维方式。当然不可能再回到江户时代了,但应该以人类的长期生存为前提,改变科学技术的性质。

动物学家河合雅雄先生告诉我,明治前,几乎没有动物灭绝的现象,动物灭绝全部发生在明治以后。我想这就是循环社会和进步社会的区别。从这一点来看,人类也应该具有向循环社会转移的智慧。

谈到循环,还有一点,我认为,净土真宗和净土宗,实际上他们的背景也是循环哲学。净土真宗的鼻祖亲鸾(1173—1262)在《教行信证》中写道,二种回向是最中心的学说,所谓二种回向就是"往相回向"和"还相回向"。

只要念佛就能去极乐净土，但并不是一直待在极乐净土，因为佛教有"自利利他"的教导，只要世上还有受苦的人，就必须再回到世上来。

托阿弥陀佛的福，念佛就可去极乐净土，继续念佛，托阿弥陀佛的福，又可回归尘世。

在某种意义上，就是在极乐净土和尘世之间无限地往复。信仰这种思想，就等同于弥勒，被称作"等正觉"。我近来，因为人生已剩无几，越发感觉到亲鸾的信仰最为适宜。如果这样，就不再恐惧死亡，因为可以考虑还能再生，再来救人，然后再死。

轮回这一思想佛陀是没有的，因为佛陀的教诲就在于摆脱轮回。所以亲鸾的宗教和佛陀的宗教是有区别的。欧洲的宗教里也没有轮回，基督教的教义是，来到神的世界就复活了，但如果到了神的世界，时间也就停止了。

但是，亲鸾的思想是无限的循环，这同古埃及的思想很接近。阿弥陀佛是无量寿佛，也是无量光佛，这意味着无限的光，与太阳神相近。

净土宗的创始人、亲鸾的老师法然上人（1133—1212）临死时说"我从极乐净土归来"，又说"我已三度转世"，第一次是在印度，释迦在讲无量寿经的时候，我是一名听者；第二次是在中国，我是一个普及"善导"这一净土教的僧人；第三次转世就是法然，所以说我来自极乐净土。

亲鸾也是同样的想法，认为自己是圣德太子的转世，转世再生是为世人尽力，我认为这是非常好的思想。

然而，战后的净土真宗已经否定了这种思想，也不再讲二种回向的学说。为什么？因为违反科学。死后往生极乐净土已很不科学，再从那里回来就更不科学。

二种回向的学说在亲鸾的教义中也是重要的部分，但没有一个人从正面论证它，然而我却认为正是这个"回来"才是最科学的。去了，再回来，遗传因子就是这么再生的，它一直在死亡和复活之间循环。正是"回来"这一思想与遗传因子科学相通。遗传因子科学证明了遗传因子不死的理论，而二种回向的学说，不过是将这一理论神化罢了。

持有相同遗传因子的人，或许1000年后会回来，回来后还是拯救人类，但很少有人有如此强烈的信仰。楠木正成（1294—1336）为了"后醍醐"天皇（1288—1339）而同足利军作战，在凑川一战中战死，死时他说"七度转世为报国"，这个故事也是以转世为前提的。

至今，说到净土真宗，就只剩"恶人正机说"了，说的是"恶人获救"。不干好事的近代人，特别是那些喜好女色的人，对这个"恶人正机说"趋之若鹜，似乎因为亲鸾的关系自己也获救了，很是得意。

但是，亲鸾所说的"恶"，不是喜好女色的"恶"，而是指弑父之"恶"。亲鸾认为，自己的心中存在着弑父的阿者世王，这是亲鸾之谜，这个谜最近已经解开了，这里不再赘述。人的心中或有弑父之意，有性质恶劣的念头。近来杀死父母的事件时有发生。亲鸾对人心之恶看得很透彻，但就是那样的恶人，也会因阿弥陀佛而获救并成佛，这里体现了亲鸾思想的深刻性。

我痛感亲鸾的教诲至今还被误解，我想，对他的思想有重新评价的必要。

第 4 章

建立"世界联邦政府"

启动核按钮的危险性
⊙梅原

第3章论述了日本人道德心的缺失。我担心的不仅是日本人，而是全世界普遍的道德沦丧。核武器在继续扩散，美国发动的伊拉克战争就是一个典型的例子。纯粹是为了自己一国的利益而发生争斗的事件，正在世界各地上演着。

而且，今后随着地球人口的爆发式增长，各国之间围绕资源、水、能源的争夺战将越发炽烈，何时何地将点燃战争的导火线，这种危险性正在不断升高。

过去，人类由战争来决定国家的命运。战争往往由武器的优劣决定胜负，使用石器的民族同使用铜器的民族作战，使用铜器的民族胜出；使用铜器的民族同使用铁器的民族作战，使用铁器的民族胜出。近代战争也是如此，军舰、飞机，以至终极性杀人武器原子弹出现了。原子弹剥夺了广岛、长崎30万人的生命。后来进一步发展出氢弹，可以一下子杀死几百万、几千万人口，能够灭绝全人类的炸弹或许也已经造好。

核战争的危机曾存在于苏联与美国之间，结果并未酿成战争而告一段落。但是随着核武器的扩散，加上技术的再进步，小国也可以很容易地获得核武器。如果产生了这种情况，一旦出现霸权意识浓厚的领袖，就有可能引发核战争。只要核持有国不肯马上销毁核武器，人类因核战争而毁灭的可能性就不会消失。

2008年7月洞爷湖八国首脑会议上，环境问题受到了重视，这是令人可喜的。人类开始认识到环境破坏是一个全球性的大问题，而且说不定是一个灭绝人类的大问题。大家都开始思考，仅仅地球变暖，就会给世界各地带来巨大的灾难。环境问题是全世界的问题，只有整个人类团结一致才能解决。这次会议表明，人们对此多少有了一些认识。

然而，表面上讲"共同努力"，但具体到"2050年温室效应气体的排放量减半"时，谁也不愿主动实行。美国说，"中国和印度不做就没有意义"。日本在口头上说"干"，但真要付诸实施，必须迅速改变国民的生活方式，要下那么大的决心，看来并不可能。

表面上赞成，具体则一点也不实行，这就是现实，在这种状况下，问题不可能得到解决。

这样看来，我认为必须成立"世界联邦政府"这样的组织。人们认为，现在的联合国只是一个主张大国利益的机构。真正能站在人类的立场上，认真讨论和解决环境破坏、人口增长、核战争等问题，就必须成立这样的机构。

国际联盟和联合国，是以伊曼努尔·康德（德国哲学家，1724—1804）的思想为基础的。康德提出，只要民主国家能够兴起，理性必胜，理性的国际协调机构就能形成，这是一种理想论。本来，联合国就是依据这种理想建立的，但实际上联合国成了"强国利己主义"横行的场所，这样对防止核战争也起不到什么作用。

那些祈祷人类和平的人
⊙稻盛

的确，成立世界联邦政府那样的组织，集中人类的智慧，认真思考环境问题、核扩散问题、资源问题等，非常重要。说到这里,我想起战后不久,阿尔伯特·爱因斯坦和汤川秀树博士等人,因原子弹的出现而担心人类的前途,曾经提出过成立世界联邦政府的设想。汤川博士生前为此积极奔走,他的夫人也共同参加了这些活动。

但是,这样的声音渐渐变弱,反而是"只能接受现实,他们那种设想脱离实际"这样的意见占了上风,没有人去认真思考,也没有人去努力追求理想。

然而,现在已经是时候了,我们应该继承汤川博士们的遗志。在广岛和平纪念公园"新叶之像"的台座上,刻着的铭文,是汤川博士写的短歌:"灾祸之神啊,请你不再降临!在这里,只有祈祷和平的人。"这句话应该传达给全世界所有的为政者听。

将"不杀生"作为道德准则
⊙梅原

物理学家爱因斯坦和罗伯特·奥本海默等人,看到自己创立的科学成为杀戮的武器,深受良心的谴责,因而提出世界联邦的设想，汤川先生出于同样的忧虑对此表示了支持。但是他们的建议被当作幻想，而后来的联合国实际上也与他们的理想背道而驰。

但是他们的理想是正确的，必须继续提倡。而且我们应该再次明确一个道理：战争以杀人为目的，以多杀敌为光荣，这就是恶。如果忽视了这一点，核问题将无法解决。

从这一点来看，佛教戒律第一条就是"不杀生"。其对象是"有情"，即不仅是人，还包含动物在内，所以说"不杀生"。据此，释迦吃素不食肉。

但是，在核战争危机如此严重的时代，佛教的"不杀生"更应该成为人类的道德，因为"不杀生"包含动物在内，所以同时又是在"维护自然"，是保护环境的一种很好的思想。

地球规模的环境破坏，不仅是因为存在每一个个人的利己主义，而且是因为存在国家的利己主义。近代西洋思想中影响最大的是笛卡尔的思想，以及英国政治哲学家托马斯·霍布斯（1588—1679）的思想。霍布斯认为，在近代思想中，国家是绝对的，国家是"巨大的怪物"，违背国家的意志，人们就不能生存。这种国家绝对至上的思想孕育了核战争的危机。

作为一个哲学家，我希望能在有生之年，创立能取代现在笛卡尔哲学的新哲学。

前面介绍了雷切尔·卡森的《寂静的春天》等现代美国人所写的有关地球环境的书籍，具体谈到了"要进行太阳能发电"、"要进行风力发电"，但书中缺乏对近代哲学根本思想的批判。太阳能发电、风力发电，归根到底只能说是应急措施，而根本在于改变哲学，把人类历史作为"欲望不断膨胀的历史"来思考、来反省，我们需要有这样一种历史观。

佛教从初期就开始讲解"人类因'业'而毁灭"的道理，所谓"业"就是指人为欲望所支配。抑制欲望，从欲望中解脱出来获得自由，就是佛教的开悟。比起释迦的时代，现在的人更是欲望的奴隶，所以这一思想在现代更有必要，更加有效。

前面提到的"草木国土悉皆成佛"的思想，一般认为是天台佛教和真言密教达成一致而产生的，是由天台密教发展起来的。但从更高一层讲，我认为，这是日本的神道和佛教趋向一致后产生的理论。

在日本，神居山中，那里也是死者之国，所以不管是"最澄"（767—822）的天台佛教，还是"空海"（774—835）的真言密教，他们的大本营都建在山上。

天台佛教的本山叫比睿山，是一座森林葱郁的山，至今从未有人进入。真言密教的本山叫高野山，也有巨大的天然林。他们的大本营都在森林覆盖的深山里。那里是神居住的地方，必然与神道相融合。

这种神和佛的协调与融和产生了修验道，明治初期神佛分离，废佛毁释，把佛教丢了，此时丢得更彻底的是修验道。也就是说，神佛调和的宗教被舍弃了，山不再是神圣的地方了，由此产生了很大的问题。

我在爱知县农村长大，那时家家户户神和佛都是同居的，佛坛上一定放着神棚，合掌拜佛时也会向神祈祷。

向神祈祷，就是尊崇自然，就是要将神道所说的"清心""诚心"的理念融入血液中。

同时，合掌拜佛，就是学习佛教"精进"的思想，就是"要拼命工作"；或者学习佛教的"忍辱"，就是学会"忍耐、克制"，"耐得了侮辱"；或者学习佛教的"慈悲心"。神道也讲慈悲，但佛教讲得更清楚。通过这样的神佛融合，日本人的心灵就很自然地受到了道德的熏陶和培养。

然而，到了明治时代，神佛分离，佛教被从公众教育中排除出来，不仅佛教遭到排斥，神道也遭到排除，取而代之，新的崇拜天皇的宗教出现了。而这个新宗教又在1945年麦克阿瑟的命令中被禁止。此后，道德这一科目就从教育中完全消失了。

在取消道德教育的同时，追求个人的利益，扩展自己的欲望，这方面的教育却大行其道。

有时也会教人"抑制欲望",但那是"为了满足更大的欲望"。要克制懒惰心,耐得住严格考试的煎熬,拥有优良的成绩才会有理想的职业。

即使如愿以偿,获得了理想的职业,但做人的道德却一点没学到,结果是,有好职业的人干起了罪恶的勾当。而那些在考试中被淘汰的人更是自暴自弃,干些乱七八糟的事,于是子弑父、父杀子,大逆不道的事情就发生了,这就是日本的现状。

EU可成为"世界联邦政府"的雏形
⊙稻盛

确实,神佛融合等思想,也许会成为今后新宗教、新哲学的雏形。我想这方面的理论归纳,网罗全世界的宗教和哲学,集其大成,缔造新的人类哲学,这件事请梅原先生来做。但另一方面,为了消除世界各地的纷争,刚才梅原先生也提到了,对于设立"世界联邦政府"这样具体的机构,也需要认真思考。

当然,现今的联合国也在想方设法,为解决各地的纷争，增进人类的合作，并不遗余力地工作。但看到目前世界各国间利害对立的现状，说老实话，联合国任重而道远。

不是光靠联合国，而是地球上的全人类、全民族成为一个国家，即"地球国家"。当然，要实现这一目标极其艰难，绝不是一朝一夕能成功的。要存小异，求大同。对于"世界联邦政府"这个课题，现在还没有引起大家的注意，但我感觉到，这正是拯救人类的、新的、重要的社会体制，大家有必要认真地思考。

欧盟（EU）的成立给了我们信心。在欧洲，以曾经互相仇视的德国和法国为中心，以欧盟的形式，成立了超越国家的组织。不久之前，欧洲各国还是利害对立的，成立欧盟似乎不可思议，但是大胆的统合却在进行，现在连货币也已经统一了。

历史上有普法战争，特别是第一次世界大战、第二次世界大战，德国和法国曾经大动干戈，然而，它们反省历史的过失，积极谋划欧洲的统合，这件事意义重大。而且现在东欧各国也在加入，欧盟的扩大引人注目。

从这个意义上讲，EU 就是"世界联邦政府"的雏形，如何将 EU 的概念进一步扩展，希望全世界的为政者一定要认真思考。

先由日中韩三国设立"亚洲联盟"
⊙梅原

EU 是超越国家的一种共同体。原本起源于欧洲的近代文明，与国家主义密不可分。它的背景就是前面所提到的托马斯·霍布斯的思想，认为国家是怪物，具有绝对的权力。这种国家主义思想曾经推动了欧洲各国的发展。

但是，经历了两次世界大战的悲惨过程，为了不再重蹈覆辙，欧洲各国开始探索超越国家之上的组织。结果欧洲联盟成立了，欧洲的共同货币欧元的势力正在扩大，欧洲正在朝着超越国家的国际性的政治统合前进。

看到这种状况，人类的目标，就是要将 EU 那样的组织在世界各地复制，然后在此基础上再建立世界联邦政府。今后，亚洲、南美和北美都来学习 EU，加速地域共同体的创建。这样的共同体在世界各地建立起来，共同体内部的纷争，由共同体解决；共同体外部的纷争，由各共同体成立对话机构商量解决。如果能走到这一步，那么环境破坏的问题、核战争的问题，都可以找到解决的办法。

那么，日本应该促成相对于EU的AU（亚洲联盟）的建立。特别是东亚，日本、中国、韩国都是同一个汉字文化圈，而且在这三国国民的心中，多多少少都受到儒教、佛教和道教的影响，道德观也是共通的。这三个有相同道德观的国家应该首先建立一个共同体，来讨论环境问题和核问题，并发出自己的声音。亚洲共同体建立了，世界各地的共同体诞生了，如果真能这样，就走出了避免核战争，解决环境问题的第一步。

实际上，由日本经济新闻社主办的"日中韩贤人会议"（东北亚三极论坛）于2006年开始举办，第一次在首尔，第二次在东京，第三次是在北京召开。在论坛上有关上述共同体的思想，日本代表、前总理中曾根康弘做了讲演，我进行了理论上的论证。

EU的背后是基督教。那么亚洲共同体的背后有什么呢？不是一个宗教，而是儒教、道教和佛教的融合。日、中、韩三国在接受儒、道、佛的影响程度上虽然各有差别，但都受过这三种宗教的熏陶则是没有异议的。

而这些思想都不以人为中心，儒教"尊天"，天即自然；道教对自然的崇拜极为强烈；佛教也将自然放在重要位置。否定以人为中心的思想，崇拜超越人的伟大的力量，大日如来正是如此，阿弥陀如来也是如此。

还有一点，在这三个国家里盛行"祖先崇拜"。所谓"祖先崇拜"，就是会考虑到人的古远的祖先。现代生物学将人类的祖先一直扩展到超越人类的阿米巴（原生虫）这样的话，人类就会产生与世界上一切生物共生共存的思想。这个观点，对形成人类未来的共同思想非常重要。在这种思想的基础上，并不是说成立 EU，成立 AU 就更好。这就是我在论坛上表达的观点。

当中曾根先生明确提出 AU 的构想，我又进行论证之后，中国表示了强烈的赞同。并在我们回国前，突然决定了中曾根先生与胡锦涛主席举行会谈，中日友好的气氛很快形成。此后不久，又举行了胡锦涛主席与福田康夫首相的会谈，进一步巩固了中日亲善的关系。这是福田前首相的功绩。

从这个意义上讲，我认为，三国贤人会议对实现亚洲共同体的构想做出了很大的贡献。

最初三国达成一致很重要
⊙稻盛

亚洲联盟当然不会很快实现，但投下一石，引起大家的关心是好事。如梅原先生所说，由亚洲全体国家组成AU当然很好，但仅日中韩三国也行。开始时只要三国达成共识，然后再向ASEAN（东南亚联盟）推广。

为了从根本上解决环境问题，以及现在发生的各种国际问题，需要建立像"世界联邦政府"这样的设想。打先锋的是EU，接着成立AU，梅原先生作为首倡者投下这一石，非常了不起，让黑暗的世界有了光明的希望。

谁来当议长国
⊙梅原

不过，AU由东亚三国组建时，议长国目前让韩国来当比较适合，日本和中国不当为上策。今后，当其他国家加入时，议长国尽量让小国来当。那样，就可以宣传AU"没有让作为大国的中国支配"也"没有让侵略过亚洲的日本支配"。

我这个提案得到了韩国很高的评价。三国贤人会议2009年还要再次在首尔举办，相互友好还将进一步加深。发生了像中国四川大地震那样的灾难，日本伸出援手，能够互相帮助是非常好的。

人类靠争斗才能发展的观点已经过时
⊙稻盛

迄今为止，人类互相争斗杀戮，同时也吸收对方的文化和价值观，在同化中取得进步。无论建筑式样还是装饰艺术，往往吸取对方的东西，使形式美更加进化。特别是尼罗河、底格里斯河、幼发拉底河等流域产生了大文明，这些文明在互相竞争中，有时也在互相冲突中进一步发展起来。

科学技术也是一样，被称为20世纪最大发明的飞机，在两次世界大战中获得了飞跃的进步。另外不可否认，原子物理学也由于军事需要而得到了有力的推进。从这个意义上讲，或许可以说，人类是在互相争斗中发展起来的。

但是，现在人类已经掌握了足以毁灭自己的先进的科学技术，如果再像过去那样，依靠争斗发展的话，人类将没有未来。在21世纪，基于争斗发展起来的文明将划上终止符，人类必须建立基于互助共生基础之上的美好的世界文明。过去的人类主张国家利益、民族利益、宗教利益等，一味强调自身的利害，争斗不休。今后应该超越上述利害，互相帮助，互相体谅，创造一个和平、充满爱心的世界。在这个世界中，彼此尊重对方的文化，构建地球规模的崭新的文明。

回归"以和为贵"的传统
⊙梅原

英国历史学家阿诺尔德·汤因比（1889—1975）对文明有如下论述：20世纪中叶之前，一直是西洋诸国统治世界，西洋诸国孕育了科学技术文明，由此军事变得强大，经济变得富裕，于是登上了统治世界的舞台。同时，那些没有引入科学技术文明的国家，只能沦为西方的殖民地，这就是18世纪到20世纪的历史。但到了20世纪下半叶，非西方国家也引进了西方的科学技术文明，用它来改造自己，形成了新的文明。汤因比还说，西洋文明的父辈文明是希腊和以色列文明，祖辈文明是埃及和美索不达米亚文明，这是真知灼见，但他对这些文明的结构却基本没有涉及。

至今的文明论和世界史，一直认为西洋文明的父母是以色列文明和希腊文明。以色列的基督教和以柏拉图哲学为代表的希腊哲学，一直受到推崇，而在这以前存在过的古埃及文明却遭到了忽视。

但是，在埃及我强烈地感受到，犹太教和基督教也都应该是诞生于埃及，摩西遗迹和耶稣遗迹，埃及也有。据说柏拉图也曾访问过埃及，所以希腊哲学也受到过古埃及文明的影响。但是这个古埃及文明却遭到近代欧洲人的忽视，将5000年的人类文明中的3000年割除，只考虑剩下的2000年，这当然是不对的。

多神教是和平共处的思想，可以接受其他宗教的神，神的数量可以不断增加，不同的神可以共存。

这样看来，我想现在的日本宪法的价值就会越来越高，日本宪法里包含了"人类和平"的理想，改宪派认为"现行宪法缺乏国家观念，按现行宪法将不能保卫日本国"。这是19世纪国家主义的观点。即使要修改宪法，这个宪法也必须明确以世界和平为目标，将宪法第九条的精神运用好。

看圣德太子的"十七条宪法"，其中写有"以和为贵"等，也体现了和平的立场。而且这部宪法不是将道德强加于民众，而是强调做官的道德，例如，"法官必须公正判决"、"官员不能收受贿赂"、"官员必须早出晚归，勤奋工作"等。这是非常优秀的思想，从这种思想出发去修改宪法，当然可以。但是将所谓的道德强加于民众，便于强制性地进行国家动员，那样的宪法修正则必须坚决反对。

坚持和平主义的民族才是勇敢的民族
⊙稻盛

正如先生所言,现在围绕宪法修正的争议中,看不到国民的面孔。国民真的希望修宪吗?其实,要求修宪是出于某种霸权主义的思维。美国一说"亮出旗帜",日本不仅慌忙出钱,而且要派出自卫队。这种举动,在显示国家权威、显示国家存在这个意义上讲,也是一种霸权主义,这是非常危险的。

现在的宪法,不仅第九条,包括序文,都有非常理想主义的内容。针对这样的理想主义,有"世界并非那样单纯"的杂音响起。但是我认为,包括前文在内,现在的宪法相当出色。改宪派或许会说:"虎视眈眈,对日本怀着恶意的国家,周围有很多!能期待这些国家遵守信义吗?"但我认为,即便如此,我们仍然要以国家之间的信赖为基础,将和平主义坚持下去,只有这样才是真正勇敢的民族。

现在貌似有理的宪法改正论甚嚣尘上,令人担忧,特别是年轻一代中也出现了这样的声音,值得注意。

第 5 章

以"利他之心"为主课

丢失了"慈悲"和"爱"的人类
⊙稻盛

梅原先生谈到美国社会伦理观的缺失，问道："《圣经》到哪里去了？"在面临贫困、环境恶化的状况中，围绕人类应该持有的新的"圣经"，也就是主体思想，我感觉需要展开议论。

人类应该具备的主体思想是什么呢？有人相信宗教，也有人不信。不管是基督教思想也好，佛教思想也好，其他思想也好，有什么思想都没关系，但有一点非常重要，那就是必须持有"同情之心"，这在佛教里就是"慈悲"，在基督教里就是"爱"。这种最重要的同情心，人类正在渐渐丢失，因此必须让它再次复苏。这样，我们面临的许多问题就能迎刃而解。

人的内心，存在"慈悲"和"爱"这样的"善心"，同时，也存在着为欲望所迷、只顾自己的"恶心"。善恶两者在我们心中同居，抑恶扬善，是我们每个人应该努力做到的。

人类也一样,应该告别以欲望为引擎的近代文明,为营造以"关怀之心"、"纯朴之心"为引擎的新的文明社会而努力奋斗。

赤裸裸的"欲望人"
⊙梅原

对道德沦丧的社会提出尖锐的批判,并且做出预言的是陀思妥耶夫斯基(俄国小说家,1821—1881)。他的代表作《卡拉马佐夫兄弟》描写了儿子弑父的故事。父亲肖特尔否定基督教,不相信上帝,他只相信自己赚钱的欲望和勾引女人的欲望。这样的肖特尔后来养出了弑父的儿子。

在现代人之中,有许多肖特尔式的人物,但表面上,他们不像肖特尔那么放荡,总是随意勾引女人,他们看起来颇有绅士风度,在家庭里也有权威,头脑聪明,处事周到。然而,他们做事的目的,全在于满足自己的欲望,世人如何,社会如何,全不在话下,只要自己发财就好。这样的人目前越来越多,这着实令我担忧。

战后的日本，老板和员工之间工资差距很小，奉行北欧型的平等主义和民主主义。但不知从何时起开始向美国看齐，到了现在，只把赚钱当作唯一的价值观，变成了赤裸裸的欲望人的国家。

人因"业"而亡，而"业"根本上就是人的欲望。斩断欲望！这是佛教的基本思想，非常简单的思想。正是这个思想，为这个时代所必需。脱去佛教的外衣也行，但必须教会人们懂得抑制自己的欲望。

马克思认为："劳动者善，所以劳动者得天下，善的时代就到了。"但是事情远没有那么简单。圣德太子说，人有善的一面，也有恶的一面，让本来善恶兼有的人向善的方向转变，就是教育要承担的重要责任。

稻盛先生推崇江户时代的思想家石田梅岩（1685—1744），石田创建的"心学"就体现了这方面的智慧。

正确的从商之道
⊙稻盛

石田梅岩的功绩之一，就是教给江户时代的商人，什么是从商的原理原则。

当时，追逐暴利、贪得无厌之辈层出不穷，在那种风气之中，石田梅岩在京都街上开起了私塾，召集商人的子弟，为他们讲解商人之道，就是正确的从商之道。

他的言论中有这样的话："真正的生意，要考虑让对方得益，自己也得益。"也就是说，石田梅岩告诉商人们："做生意不是只要自己赚钱就好，必须对方获利，自己也获利。"要以自利利他的精神促进商业活动。另外，他还说："获取利润是商人正当的生存之道，商人的利润等同于武士的俸禄。"当时，在"士农工商"的阶级制度下，商人的社会地位最低，一般人都用轻蔑的态度对待他们，认为他们唯利是图。石田的话给了商人巨大的勇气。

这就是说，石田梅岩在江户时代的经济社会中，树立起了一种指导思想，他阐述的是人的"心的应有之状态"。这个"心的应有之状态"让我最近思考了一个问题：我们应该怎样对"心"下定义呢？

我们常常很随便地使用"心"这个词，我已经70过半，我想尽力磨炼自己的心（志），带着美好的心（灵）迎接死亡。在讲到"调整心（态）"、"磨炼心（志）"的时候，这个"心"究竟是什么呢？现代的人对此并没有真正理解，我觉得，大家在用"心"这个词时概念是不正确的。

因为有这个问题，才在2003年召开了"京都文化会议"这样的国际研讨会。从全世界来的文化人、有识之士齐聚一堂，围绕"心"为何物、"心"是如何形成的这样的问题进行了讨论。

希望利用会议的成果，以哲学家为中心，来阐明"心"为何物，用我们一般民众也能听懂的语言，做深入浅出的说明。

人的"心"和"体"表里一体
⊙梅原

"心"是非常独特的东西，不容易说明。人的"心"与

"体"密切联系,二者是表里一体的关系。没有离开"体"的"心",也没有离开"心"的"体"。人们常说抑郁症是"心的感冒",这也说明二者有关。

"心的管理"尤为重要
⊙稻盛

这里说的是"心的管理很重要"。人们常说"健康管理很重要"。另外,为了训练脑力,在读书和学习时,人们也常说"要重视智的管理"。但很少听人说"心的管理很重要"。但是,像日常要检查身体、保养身体一样,平时经常要"修心",这件事不能懈怠。

前面讲到,希望他人好、充满同情的善良心,和只要自己好就行的丑恶心,在人的心底同居。善恶两心同居的心底,需要不断地清扫净化,抑制一些为欲望所迷的丑恶心,就能使美好的善良心抬头。

这个美好的善良心,简单讲,就是正义、公平、公正、博爱、勇气、诚实。这些朴实的道德心,是父母和老师教给孩子的，这些做人必须具备的最基本的德性，家庭和学校必须向孩子们扎扎实实地教授。为了拨乱反正，重整现在这个混沌的社会，从做人最基本的道德开始教育，现在显得尤为重要。

"利他之心"是生物的本能
⊙梅原

道德心的源泉，按照孟子的说法，在于"恻隐之情"。看到小孩快要落井，人出于同情，很自然地伸手救助，这就是所谓"恻隐之情"，是道德心的根源。

但是我想，道德心的根源不必从那种特殊的情况中去寻求，道德心的根源就是"利他之心"，"利他之心"的根源就是疼爱孩子的母亲的心。

在电视里经常可以看到有关动物的纪实性节目，父母为了保护孩子，常常不顾自己的生命会遭到危险。特别是母亲具有一种本能，不管什么情况，都要保护孩子，将孩子养育长大。在黑猩猩的世界里，孩子的母亲死了，必有代替母亲抚养孩子的"阿姨"出现。相反孩子死了，母亲就一直背着它，到腐烂得只剩皮骨时仍不放下。看到这种情景，就会觉得"利他之心"不仅人类有，连动物也具备。

拿鲑鱼来说，离开自己出生成长的河川，经过漫长的旅行，最后还是回到自己出生的地方，在那儿产卵，留下子孙后代而死去。看那鲑鱼的表情，就会感觉到，它是带着完成任务后的满足的心情死亡的。可见，在动物的身上也隐藏着"利他"的本能，靠着这种本能，它们才能延续生存至今。

"利他之心是多么重要！"穿插这些趣闻讲给孩子们听，我想他们是会理解的。

欲望的膨胀使人忘记了"利他之心"
⊙稻盛

动物具有舍命救儿的本能，但如今在人类的世界里，父母虐待或杀死孩子的事件却在不断发生。我想原因大概在于，人类比其他动物具备更高的知性和理性，因而把动物原有的本能给忘了。这样看来，动物依靠本能就能明白的事情，人类反过来，倒要用知性和理性加以教育才行。

比如，在现在年轻的母亲当中，有的人生下孩子后不知道怎么抚养，而动物在产后的瞬间，从本能上就懂得如何养育孩子。从前的女性，从母亲、祖母那儿学到养儿育女的方法。一个人育儿有困难，现在又盛行小家族化，所以现代的母亲，有必要通过增加知性和理性来学习和唤起已被忘却的本能。

另一方面，"欲望"这种本能，人类却没有忘记，并且人类的这一本能，比起动物来，程度上不知要强多少倍，同时人类还会用知性和理性进一步煽动这种本能。

动物在吃饱以后就不再涉猎，但是人类在懂得储藏的办法以后，即使东西吃不完，也想要的越多越好。这种欲望的膨胀，让象征母爱的"利他之心"变得淡薄。用教育的方法将"利他之心"呼唤回来,乃是当务之急。

教授庶民道德的《忠臣藏》和《男儿》
⊙梅原

父母杀儿女、儿女杀父母这样的犯罪,在战前很少有,而在战后特别是近来,却增加了很多。动物生存必需的本能,在人身上失去了。分析其原因,不得不认为,这是人靠着知性和理性的力量让自己的欲望无限膨胀带来的结果。

那么人类怎样才能抑制住自身的欲望呢?我想应该更好地运用艺术的力量。艺术本来就具备教育的职能,就是告诉人们,人本来应该怎样,理想的人是什么样子。比如《忠臣藏》是日本人最喜爱的故事之一。通过故事情节的展开,不仅生动有趣,而且涉及许多道德的话语,很受欢迎。对主君怀着忠心的义士们,他们在发泄对主君不满的同时,怎样以体谅同情之心、忍辱之心对待主君。

大石内藏助（大石良雄，赤穗藩的家臣之长，1659—1703）为了麻痹敌人（吉良家），伪造在祇园游乐的场面，敌方的武士们见到后，痛骂内藏助，但他们晓得他是个不争气的人，所以也不担心。但是大石忍受屈辱的形象打动了庶民们的心，让他们学到了何为忠义，何为忍辱。

另一方面，也有不忠之臣大野久郎兵卫（大野知房，赤穗藩的末位家臣，生卒年不详）这样的人。他忘却主君的恩义，在赤穗城开城之际，想自己多分钱财，贪得无厌。恶人与善人对照，从而让民众得到了教育。艺术正是以这样的形式发挥了作用。

夏目漱石（1867—1916）在讲演中，曾批判过自然主义文学，他说："过去的文学表现真善美和庄严，但由于自然主义文学的泛滥，文学偏向了单纯的真。"漱石的《男儿》就是描绘"善"的文学，主人翁坚信并固守"正直"这一基本道德，这也反映了江户子弟的一个侧面。

漱石认为，当时出身于长州和萨摩的政治家中，谋求金钱和权势的人很多，漱石将他们描写成"狐狸"和"红衬衣"那样有点滑稽可笑的恶人。而江户子弟"男儿"和会津子弟"山岚"则是善人的代表，让善恶对立，从而将"正直"这样的价值观贯穿其中。这就是漱石创作小说《男儿》的苦心。"善"和"正直"这样的道德至关重要，日本人如果失去了这种道德就会衰落，这就是漱石想要告诉民众的真理。

然而，当自然主义文学兴起的时候，利欲熏心的主人翁一个个登场了，善的价值完全不提了。连漱石自己也渐渐受了自然主义文学的影响，在后期的作品《道草》、《明暗》中，也不强调善的价值了。这样的作品被称为纯文学，得到了读者的高度评价。

但是，纯文学在一般民众中并没有广泛渗透。大多数日本人喜欢读的、流传较广的是山本周五郎（1903—1967）和藤泽周平（1927—1997）的作品，是所谓大众文学。这些作品不遵从立身出世、赚钱发财的价值观，而是描写市井中专注于一艺、一技、一道的人物。原本纯文学就应该描写这样的人物，但纯文学却只描写所谓的"真"。

纯文学的大作家在现实生活中几乎没有道德高尚的人，谷崎润一郎（1886—1965）年过70还偷窥儿媳的裸身（《疯癫老人日记》）；川端康成（1899—1972）的小说中，也有描绘老人贪婪地抚摸熟睡美女胴体的情节（《熟睡的美女》）。可以说这是优秀的小说，但川端如果没有实际体验肯定写不出那样的细节，这类小说在"美"这一点上也许是高水平的，但有无道德价值则成了疑问。

评论家为何推崇丑恶的作品
⊙稻盛

确实，江户时代的文学和戏剧作品都是劝善惩恶，一开始就晓得"善和恶斗，善得胜"。这样的故事自古以来层出不穷，是因为在现实生活中，"恶"总是横行，而"善"相对较弱，为了让民众理解"善"的重要性，文学和戏剧要反复描写和上演劝善惩恶的故事。

但尽是这些单调的作品就缺乏兴味，于是就出现了纯文学，能够描写出人的丑恶面的作品被知识界评价为好作品，而写出这种作品的作家被吹捧为大作家。

在稻盛财团设立的"京都奖"的奖励对象中，除"尖端技术部门"、"基础科学部门"外，还加上第三领域"思想艺术部门"，其中艺术包括了电影、戏剧、音乐等方面。在艺术领域里，尽情描绘人的丑恶的部分作品和作家，有的也受到了评委的好评。

我在"京都奖"中设置了"思想艺术部门"，我认为要让人们获得幸福，光有尖端技术和基础科学还不够，还需要对陶冶人的精神有益的东西，并按照这个宗旨来表彰艺术家。但是在评委先生们高度评价的作品中，有一些在我看来，尽是不堪入目的丑陋的东西。

还有，近来的电视连续剧，表演憎恨、妒忌等丑恶感情的东西很多，看了心里就很不舒服。现在只好通过有线电视，看一些我喜爱的历史剧。因为坏人受到惩罚，看了心情就舒畅。历史剧之外的庸俗节目就不看了。

桥田寿贺子（剧作家）写的《阿信》非常好，在中国、东南亚和中东各国，在发展中国家都很受欢迎。剧中的主人公身上没有任何丑恶的东西，女主人公勇往直前，虽然经历种种苦难，但一一克服，最终获得了成功。看到这种情景，万国共通，大家都增强了勇气，看到了人生的希望。

赞扬自然主义文学是错的
⊙梅原

文艺评论家褒扬的作品同一般大众喜爱的故事不一样。桥田寿贺子的连续剧人气十足，但评论家却不予好评。向田邦子（1929—1980）的剧作也遭遇了同样的情形，有人说"那样的东西算不上艺术"。在文学专家看来，描写人的善、描写真挚的生活态度，就不配称为现代文学。但是观众是接受的，因为这些作品反映了人们认真踏实生活的现实。

我创作的《日本武尊》也一样，文艺评论家中没人称赞它是好作品，但是正如前面提到的，为什么这个作品能够打动上百万的观众呢，一次连续公演中，有人连看10场，"真的太感人了！"许多人都看了好几遍，因为作品描绘了人的真挚的情感和生活方式。

"我从孩童时代起，就没想过追逐财富和名声，好像总是异想天开，一心追求远大的理想。"这样的台词感染了观众的心。我想这样的作品会慢慢影响日本人的思维，从这个意义上讲，只有一个作品还不够，要创作三部能够吸引百万观众的剧本，我正在朝这个方向努力。

评论家们仍然受到"自然主义文学"价值观的支配，自然主义文学倾向的抬头是在明治40年之后，在这之前，尾崎红叶的《金色夜叉》写的也是不为金钱的力量所动，一味追求真爱的故事，因而好评不断。以"善"为主题，应是文学的重大要素。与此相反，自然主义文学家主张着重描写人的自然状态，作家自己是如何作恶的，将真情告白出来，这样写成的作品被称为杰作。我认为这样的评价是完全错误的，将这样的作家吹捧为天才是十分可笑的。持有正确的、明确的道德观，能够将"善"贯彻始终的人才是高尚的人，描写他们的作品才应该获得好评。

抑制浮躁、陶冶精神的古典音乐
⊙稻盛

我和妻子曾一起观看了《日本武尊》,确实很受感动。正如先生所言,这种宣扬"善"的节目,不仅让人们获得艺术的享受,而且作品的核心是表现在患难中顽强奋斗的美好的人性,所以它能打动人心。

现在或许真的需要再来一次"文艺复兴运动",不是用扭曲的艺术、哲学、宗教,而是用文学来拯救现代的人类。这种文学必须表达"真善美",这一点也应该从正面展开讨论。人类和宇宙的"真善美"被人们轻蔑地批判为美丽的空话,这种风气必须改变。

在整个艺术中,音乐对人的精神也会产生很大的作用,西洋古典音乐非常优美,据说动物听了心情也会变得宁静。不仅动物,而且植物也会因音乐而加快生长。创作和演奏动听的音乐,治愈一切生灵精神的创伤,也是很重要的。

音乐也有丑恶的,特别是最近,有许多挑动人们欲望的音乐。那些现场直播连续数小时让人处于狂热状态的音乐，在我看来，只是在节奏和噪音中煽动激情。社会上一般接受这样的东西，但我认为让激情降温，将亢奋平息，才是音乐真正的使命。

表彰"隐善"的机制
⊙梅原

柏拉图在他所著的《理想国》一书中提出，理想的国家应该放逐诗人，理由是诗人缺乏伦理观，只忠实于自身的欲望，不能教人为善。罗素（英国哲学家、数学家，1872—1970）批判了柏拉图的观点，但柏拉图的看法也有一定的道理。如果让文学放任自流，它很容易去煽动人们反对道德，这是不可取的。要让人们感觉到人生的美好，要不断创造鼓励人们积极向上的文学、音乐和艺术作品。

人心不只有恶，它也有善，但重要的是"隐善"。基督教有"将善隐藏"的说法，我非常欣赏这句话，这才是人最美好的心态。要表彰"隐善"，要有表彰的机制，受到表彰不管谁都会感到高兴，人们就会去做"隐善"的事，成为"隐善"的人。

第 6 章

思想闪光的力量

新的构想从何而来
⊙梅原

审视稻盛先生的足迹，就会知道稻盛先生不仅仅是一位单纯的企业家，而且众所周知，他总是能走在时代的前列，向社会提供他的真知灼见。在此我想请教稻盛先生，看透时代的洞察力是怎样磨炼出来的？酝酿新构想的力量是怎样培养出来的？还有，怎样才能提高创造力？将灵感变为现实需要什么条件？就这些问题，我希望能展开讨论。

稻盛先生将传统的陶瓷器与近代工业相联结，发明了"新型陶瓷"，开创了又一个"新石器时代"，这是了不起的创造，需要很强的冒险精神。首先就这段经历请稻盛先生谈一谈。

从摔跤中获得新型陶瓷的灵感
⊙稻盛

我于1955年从鹿儿岛大学毕业后，就职于京都的"松风工业公司"，这是一家制造绝缘瓷瓶等瓷器的企业。瓷器用陶石的粉末与黏土混合后烧结而成。我被分配到开发新型陶瓷的研究室工作，这种新型陶瓷当时在美国和欧洲也刚开始开发。用铝、镁、硅等金属氧化物的微粉末，经高温烧结的产品，就是新型陶瓷，它具备传统陶瓷所没有的优良的物理性能。

问题是成型。传统的陶瓷因为使用黏土，只要加水很容易成型，但是，金属氧化物的微粉末缺乏黏性，加水后也无法成型。因此只能再加进百分之几的黏土让它成型，当时在美国和欧洲就是这样做的，但因为混入了杂质，就很难做出高精度的产品。如果不加黏土，只用金属氧化物能不能成型呢？我不分昼夜，反复试验。

有一天夜里，我被放在实验台下的松香树脂容器绊了一下，那是陶瓷实验用的材料，是别的部门的前辈放在那儿的。"要是树脂流出来，滑倒人就危险了。"我就把它放到了实验台上。这时候，"就是它！"我头脑里突然闪过一个念头：在金属氧化物的微粉末里放入松香树脂，像炒饭一样混合，结果会怎样呢？

我立即动手，将旁边一块铁板用榔头敲成铁锅模样，将树脂和金属氧化物的微粉末放进去炒，混合以后，在微粉末的表面均匀地蒙上了一层树脂，这时仍然是松散的粉末，但等冷却再加上压力后，表面有黏性的粉末粒子互相黏结，就成功成型了，非常理想。而且这种树脂低温就能挥发，放进炉子一烧，挥发得一干二净，只剩下金属氧化物烧结在一起。

但还有问题没解决，烧结后的东西比成型时的体积大大收缩了，而且由于条件不同，收缩率也不同。而新型陶瓷作为精密的工业产品，公差只允许在正负零点几毫米之内。经过反复试验，掌握了纵向和横向的收缩率，最后做出了精度在正负 0.1 毫米内的新型陶瓷产品，这在当时是一个值得自豪的高精度。

利用这项技术，首先制造出用于电视机、收音机的高频电流的绝缘材料，最初批量生产的产品，是松下电器的电视机显像管里的绝缘材料。

使用松香树脂这类有机物帮助成型，这种方法现在已是常识，但是，当初第一个发现它的却是我。然而，当时在我头脑里闪过的灵感，并非出于我个人的实力，在我偶然绊上松香树脂容器的一刹那，我产生了"思想的闪光"。

老天爷看到我日日夜夜、呕心沥血、苦苦钻研的样子，心有不忍，可怜我，故意让我摔了一跤，赐予了我最高的灵感，我想事情就是这样。

遭受口诛笔伐、突破常识的学说
⊙梅原

绊到松香树脂而获得灵感，这个故事很有意思。这使我立即想起牛顿看见苹果落地而发现"万有引力定律"的逸话。这样的灵感，稻盛先生说"不是出于自己的实力"，他这种感觉我非常理解，因为我也有同样的经验。

我喜欢奈良的法隆寺，旧制高中时代第一次去拜访，上京都大学时，又经常路过那里，我的处女作《佛像——心和形》也与法隆寺有关。

我在京大研究西洋哲学，对近代西洋哲学我一直有所保留，我认为仅靠西洋哲学不能拯救人类，虽然有点模糊，但从学生时代起我就抱有这种观点。拯救未来人类的智慧隐藏在东洋思想中，特别是日本的思想之中。因此我开始将重点放在研究日本的思想文化方面。到了35岁以后，我主持了介绍佛像的 NHK 电视节目。根据节目内容，以和佛像雕刻研究者望月信成先生、佐和隆研先生合著的形式，出版了《佛像——心和形》一书。

本来，我并不打算将电视节目里讲的内容归纳成书，准备等真正形成自己独创性的思想以后，再写书问世。但是因为两位先生的稿子已经写好了，我也不得不写，想不到，出版后竟成了畅销书（笑）。初版 5000 册，一星期就卖完了，很快增印，至今已经印了 130 版。

由于这项工作，我详细地请教了望月先生有关法隆寺的情况。望月的回答是："法隆寺是一个不可思议的、神秘的寺院，越是有新东西发现，越是让人无法理解。"当时，一般的说法称法隆寺是"圣德太子建造的寺院"，曾被烧毁过一次，后来由仰慕太子的太子子孙们再建了法隆寺，这是定论。但是这种说法存在许多矛盾的地方，解释不通。

后来的 20 年，我一直怀疑"定论不可靠"。有一天，看到一份记载法隆寺财产目录的文书，里面有巨德太古这位当地的部队长献呈给法隆寺的年贡，叫作"食封"，

第6章 思想闪光的力量

而这位部队长就是在法隆寺的前身斑鸠寺追杀圣德太子子孙的人。估计在巨德太古背后就是灭了太子一族的藤原氏。

当时,头脑里突然想到的是天龙寺。天龙寺是放逐后醍醐天皇、建立室町幕府的足利尊氏(1305—1358)为了安慰后醍醐天皇的怨灵而建的。那么,法隆寺也一样,可能就是灭了太子一族的藤原氏建的、用来安魂的寺庙,我将这一假说写成了书,就是《隐蔽的十字架——法隆寺论》。

在这之前,没有任何人做过这样的假设,所以这是一种颠覆常识的行为,书出版后遭到了专家们的口诛笔伐,没批判我的专家也不重视我的见解。但是,一般读者却认为我的书"很有意思",纷纷购买,结果成了卖出百万本的畅销书,成了获取推理小说奖的候选书。

同法隆寺有关的人士开始时也反对我的看法,但现在认可了。从寺庙发现的新的物件,不用我的假设就无法说明。

但是,这种突破常识的学说,并不是因个人聪明而忽然想到的，同稻盛先生一样，是靠宇宙的帮助。

依据直觉的行动产生新技术
⊙稻盛

突破常识，创建与至今为止的见解完全不同的学说，梅原先生显示了极大的勇气，这也可以说是依据直觉的行动。其实我也是这样，赤手空拳创建了京瓷这个风险型企业，十年后企业才算站稳脚跟，当时又采取了一个现在看来十分大胆的行动。"半导体今后必将大发展"，当时我就凭这种直觉，很快在美国设立当地法人，并建立工厂。这家当地企业如履薄冰，克服了一系列的困难，到2009年已经迎来创建40周年纪念。

最近与妻子说到这段经历，她说："当时公司规模还不大，就说要在大阪证券交易所二部上市，看到你工作时那副变了色的、紧张的面孔，当时真为你捏一把汗。"股票上市时，我与大阪证券交易所诸位讲话的样子在电视新闻中播出："做了一件了不起的事，以后会发生什么呢？"当时脚下还在颤抖不止。在妻子看来，我总是干些冒险的事。

第6章 思想闪光的力量

回想起来，从创建京瓷以来，连我自己也无法想象的事情，一件接一件都成功了。

半导体封装的产品化是其中之一。还在弗厄契尔特半导体公司时代，因为硅晶体管产品当时都由京瓷供应，英特尔的创始人之一罗伯特·诺依斯要求京瓷开发陶瓷多层IC封装，在硅的结晶体上搭载多个晶体管和二极管，做成集成电路。他们需要这种电路的载体，条件是绝缘性和密封性，又要有电流输入输出的接口。

当时我考虑，在陶瓷薄片上形成电路，几层重叠，像口香糖一样，在陶瓷原料薄片上用金属钨印刷成电路，重叠后烧结。

这个想法原理是京都"西阵"印染工场的手法。"友禅染"就是类似真丝印花的办法，使用漏花纸板印上一种颜色，再用别的漏花纸板印上另一种颜色。

但是同以往陶瓷一样烧结，金属钨会氧化。所以先要向炉内充入氢气，将氧气隔绝，然后烧结，这是一种非常危险的方法。但后来由于新的气体保护炉技术的确立，我们这项产品的开发获得了成功。由此诞生了多层封装，在硅谷生产的高集成度半导体，一直到现在几乎全部使用这种陶瓷封装。可以说，正是因为有了多层 IC 封装，电脑才能发展到今天这个地步。

此后，从诺依斯先生那儿听到这样的话："美国政府对多层 IC 封装大部分都要依靠京瓷供应表示担心，一旦发生国际纠纷，万一京瓷中断供应，美国的半导体产业就无法运行，所以美国政府指示，要想办法由美国自己生产。"同时还说："京瓷对我们美国半导体企业的技术秘密全部了解，如果京瓷也做半导体，那将是美国半导体企业的第一强敌。"

对此，我答道："京瓷仅仅充当多层 IC 封装的供应商，让半导体企业满意是我们的工作，把自己转变为客户的敌人，这样的事我们绝不会干。"

事实上也是如此，一直到今天，我们都没有涉足半导体制造行业，一直担任多层 IC 封装供应商的角色。

多层 IC 封装也好，其他新型陶瓷产品也好，新产品一个接一个开发出来,而且被全世界认可,这样的事情,在赤手空拳创建京瓷时,连我自己也不敢相信。

柿本人麻吉魂附我身吗
⊙梅原

"连自己也不敢相信"的事情,我也有体会。

《隐蔽的十字架》出版两年后,我又将关于柿本人麻吉(660年前后—720年前后)的"新发现"公布于世。柿本人麻吉这个人物,被称作《万叶集》第一歌人,是三十六歌仙之一。

我非常喜爱《万叶集》,从高中时代起就常读它,但对柿本人麻吉的身世总是搞不清。

在《续日本纪》一书里有"柿本人麻吉死"的记述。"死"这个词用于冠位六级以下的人,冠位三级以上用"薨",四、五级用"卒"。因为用了"死"字,江户时代的国学家契冲(1640—1701)和贺茂真渊(1697—1769)都认为柿本人麻吉的冠位在六级以下。

如果是冠位六级以下，那就是身份很低的小官，据此，斋藤茂吉（歌人、精神科医生，1882—1953）提出，柿本人麻吕是一个卑微的下级官吏，在石见国矿山当监官时病死，这个说法长期以来被大家接受。

但是我对这一"定论"一直抱有怀疑。柿本人麻吕出入宫廷，是与天皇对歌的宫廷歌人，能与天皇交谈，就不可能是五级以下，估计是四级，六级以下不可信。

抱着这种疑问，在我阅读《万叶集》第几十次的时候，在第二卷中，人麻吕的妻子依罗娘子悼念人麻吕的歌词引起了我的注意："是今天吧，今天！一直盼着你归来！可你已沉入石川之河，已与河贝为伍了吧。"认真读这一节，只能认为人麻吕是尸沉石川河，同河贝为伍了。因此头脑中闪过"人麻吕遭水刑而死"的想法。

《古今和歌集》里有一首歌："朦朦胧胧，明石海湾朝雾里，岛色灰暗，渡船去。"它被当作人麻吕的代表作，但这并不是人麻吕的歌，而是流放到隐歧岛的小野篁（遣隋使小野妹子的子孙，平安时代前期的官人、学者与歌人，

第6章 思想闪光的力量

802—852）写的歌，意思是："明石湾驶出的船，流放之人乘过，现在我乘，遭流放而去。"把小野篁的歌当成人麻吕的代表作，就意味着人麻吕遭流放并被杀害。

这样一想，再去查平安时代和镰仓时代的传说，发现很多有此事的暗示。贺茂真渊的老师荷田春满（1669—1736）也说过："人麻吕遭流放，犯死罪。"仅凭"死"这个词就断定六级以下，长期被看作定论的契冲、真渊的说法是错误的。

这样，我写了《水底之歌——柿本人麻吕论》，阐述人麻吕遭流放、被处水刑而死一事。这书出版后也遭到过非议，但从正面反驳的人一个也没有。"梅原的学说全部首尾一贯，这是驳斥贺茂真渊体系的新的体系，再要反驳梅原，就必须提出别的新的体系。"某位学者对准备反驳的人说了这番话，结果是一直没有人出来反对我的观点。

将我的说法公布于世的时候，等于颠覆了300年之久的"真理"，我觉得自己并无这样的能力，或许是人麻吕的灵魂附到了我身上，我自己也弄不明白。

太阳能电池的成功源于思想的闪光
⊙稻盛

请允许我继续讲自己的体验。还有一件事也同"思想的闪光"有关。现在太阳能电池已成为京瓷的主力产品之一。前面提到,第一次石油冲击时,全世界都开始研究替代能源,从那时起,京瓷开发太阳能电池的工作一直没有停顿。开始时,因为京瓷在这方面没有任何技术积累,研究很难得到进展。

起初,考虑将融化的硅提炼做成丝带状结晶,在这个概念下经过长期研究却总不顺利。绞尽脑汁反复试验,总算可以做出成品了,于是制造了几十台专用设备,准备进入批量生产。

正好这时,德国华可公司提议:"用多晶硅的铸块做基板成本低,用它制造太阳能电池值得一试。"经调查,用这种方法可以做出转换效率较高的太阳能电池。我知道后,当即决断按德国的办法做。

已经做好的几十台专用设备全部报废,然后我特地赶赴德国,购买了一台多晶硅铸造炉,开始自己制造多晶硅铸块,由此着手太阳能电池的批量生产。

这次获得了圆满成功,直到今天,制造太阳能电池仍靠这项技术,多晶硅太阳能电池成为全世界太阳能电池的主流。我们的太阳能电池部门对扩大整个京瓷的销售已经做出了很大的贡献,将来这个事业更是大有可为。

在下决心变换制造方法时,如果我判断错误,或许会动摇京瓷的经营基础。这时,也是神奇的思想闪光起了作用,让我确信新方法能够获得成功。

对世界能源问题做贡献,从这个善良的动机出发,而当能源供需矛盾缓和,别的公司纷纷撤退时,我们仍然贯彻初衷,坚持不懈地努力。我想,我们这种诚心和韧性感动了宇宙,宇宙才赐予我们思想的闪光和成功的机会。

创造就是创建新的常识
⊙梅原

将这一节整理一下,也就是说,不管学问也好、实业也好，这个"闪光"、"灵感"非常重要。新学问、新事业靠原有的常识无法创立，原有的常识里面包含某个暧昧的部分，需要把它弄清楚。打破旧的常识，创建新的常识，这就是所谓"创造"。

话虽这么说，然而，"闪光"、"灵感"是一回事，将它们付诸实行、取得成功又是另一回事，而导致成功必不可少的，就是坚忍不拔的努力。

因为欲罢不能而加入通信事业
⊙稻盛

说得对！产生"闪光"、"灵感"的人很多，但付诸实施、获得成功的人却很少，这里关键就是坚忍不拔的努力。

我于1984年创建了"第二电电"（现在的KDDI），开始参与通信事业。通信本来不是我的专业，当时日本开始进入信息化社会，由"电电公社"（现在的NTT）垄断的日本通信事业于1985年开始解禁。

然而，当时谁也不肯举手参与，这样"电电公社"的垄断体制无法打破，通信费用不能降低。到底为什么没人愿意参与通信事业呢？我看不下去了。我虽然只是搞陶瓷的，而且当时的京瓷还只是京都一家中型企业，但是我决定向"电电公社"发起挑战，用创建"第二电电"的方式报名参加。

当时与其说是"闪光"，不如说是一种"欲罢不能"的心情，好像背后有一种力量推着我。响应我的呼吁，索尼的盛田昭夫（已故）、乌希奥电机的牛尾治朗以及许多企业家都表示"如果你带头干，我们一定支持"，他们纷纷出资加入。另外，一批有志向的原"电电公社"的年轻技术员也集中到我这里，我委托他们从技术上构思参与的方案。

当京瓷宣布参与后，日本国铁（现在的JR）新设了日本TELEKOM公司，也报名加入通信事业。他们只要沿新干线铺设光缆，很快就可建成东京－名古屋/大阪的通信网络。紧接着日本道路公团专门成立日本高速通信公司，也宣布参与竞争，他们可以在东名－名神高速公路沿线的侧沟铺设光缆。

同他们相比，"第二电电"虽然第一个报名，但却没有任何现成的基础设施。当时报纸上的舆论很刻薄："第二电电必将第一个撤退！"然而，现在剩下的只有KDDI（前身即"第二电电"）一家。因为"第二电电"参与通信事业的目的是降低国民的通信费用，在这种大义名分之下，全体员工怀着"无论如何非成功不可"的信念，进行了持续、艰苦卓绝的努力。

"第二电电"设立后不久，我的目光又转向移动电话。当时的移动电话，"汽车内电话"是主流，因为要在汽车后备箱里设置很大的受信设备，价格又极贵，只有公司的社长等领导能用得起。

但是前面已提到，因为我们向美国硅谷的半导体企业提供IC陶瓷封装，所以我能预测到随着半导体技术的高速发展，四五年后，个人可以随身携带的手机时代即将到来，而且十年后这种手机将发展到人手一台。因此我果断地向当时的邮政部提出申请，要求开展移动通信事业。

但是，对我的这个决定，"第二电电"董事会成员几乎全体反对，他们认为移动电话只是"汽车内电话"的延伸，不可能有爆发式的市场需求。事实上，当时"电电公社"的汽车电话事业一直亏本，世界上其他移动通信公司也都是赤字，在这种状况下，他们判断我的决定属于"有勇无谋"。

但是，董事会中有一位年轻人赞成我的意见，于是我不顾其他成员的反对，表示即使只有我们两个人也要开展这项事业。

在为此专门成立的新公司开业的记者招待会上，当我讲到"人手一台的手机时代即将到来"时，新闻记者们都嘲笑我。然而，我坚信自己的判断是正确的，坚持努力，这样才为我们今天的移动通信公司打下了基础。我想，我当时那种欲罢不能的感觉也是宇宙给予的，这个事业是宇宙要我干的。

持续不断地创造
⊙梅原

新型陶瓷的成功打下了京瓷公司的基础，但稻盛先生并没有因此停步，开发太阳能电池，创建"第二电电"，接二连三挑战新的事业。不满足于一次性成功，持续不断地创造，在这一点上，我与稻盛先生有共同之处。

然而,创造要持续不断,是非常困难的。因此多数人在一次创造获得成功后,往往就不再努力了。拿学者来讲,假如创立了一种新的学说,但别人指出他的学说有矛盾之处,甚至认真批评它,但学者本人不愿修正自己的观点,对批评置若罔闻,就丧失了作为学者应有的立场。学术界据我所知,这样的人为数不少,我想实业界可能也是这样。

稻盛夫人十分担心"稻盛的挑战",我的夫人也一样。不断地向新领域发起挑战,妻子和孩子都为我操心,特别是孩子变得神经过敏。妻子对我毫无办法,反而死心了。我自己相信有90%的把握可以成功,所以决定要干,但这仅是我个人的自信,从周围的人看来,"这根本不可能成功"。所以,本人的自信,持续地相信自己,这一点对于创造而言非常重要。

第 7 章

无私的热情带来了成功

为什么大家公认必然失败的事业成功了
⊙梅原

作为一名学者,我的研究工作一直靠自己单枪匹马,但不经意间却成了京都市艺术大学的校长。当时碰到艺术大学校址搬迁的问题,大家都认为"梅原这家伙办事随意,喜欢单干,这种困难复杂的搬迁问题靠他怎么能解决"。

但是,"为了日本的艺术发展,一定要把大学搬到环境优美的地方",受这种使命和热情的驱使,以市长为首、各级有关干部,以及从自民党到共产党的每一位市议员,我都一一登门拜访,就大学搬迁事宜做宣传说服工作。议员们都很吃惊,一个校长为迁校居然拜访所有的议员,简直闻所未闻。所以他们都愿意做我的朋友,站到我这一方。最后从自民党到共产党的所有市议员都一致同意,协助我把迁校问题顺利解决。

此后,就是创建"国际日本文化研究中心",当时没有一个人认为这件事能够办成。我趁着中曾根总理来京都的机会,向他直接进言。总理答道:"那我们就干吧!"权威人士一声令下,创建的目的马上达到了。我的得力助手、已故的河合隼雄先生（原国际日本文化研究中心所长、原文化厅长官）后来对我说："我做梦也没想到这事能成功，因为梅原先生实在太热心了，连贵人也来相助了，我原来是做好失败准备的。"听他说这话，我颇感愕然。

京都市艺术大学搬迁问题、国际日本文化研究中心创立问题，之所以都能顺利解决，我想无非是因为我身上有一种"无私的热情"，有一种"绝对必须成功"的使命感，并为此拼命奋斗。"梅原如此拼命，我也帮帮他吧！"这样的人一个接一个出现。还有"那位先生已经帮助梅原了，我也该出面协助了"，就这样出力相助的人越来越多，托他们的福，国际日本文化研究中心聚集了很多优秀的人才，成为日本首屈一指的、充满创造性的学术团体。

人有"自燃性"、"可燃性"和"不燃性"
⊙稻盛

领导人目标明确，态度坚决，站在前头带领队伍奋勇前进，那么部下即使有所疑虑，也会跟上来。反过来说，只要有人追随，领导人就能增加勇气，继续向前。

我认为我自己是一个"自燃性"的人，可以把自己烧得通红，坚信事业"必能成功"，主动去挑战，去奋斗，具有所谓的"自燃性"。我周围的人，即使不能像我一样具有"自燃性"，但只要在接到我的火种后，能够和我一起燃烧，即具有"可燃性"也行。

令人伤脑筋的是那些"不燃性"的人，这里热火朝天，他们却冷冰冰，怎么也烧不起来。他们冷眼旁观，弄不好，还将别人的热情之火熄灭。

如水般冰凉的理性不可或缺
⊙梅原

我想，同稻盛先生一样，我也是一个"自燃性"的人，但是如火般燃烧的热情和如水般冰凉的理性必须兼备。毕生二者兼备是创造的条件。仅有热情而缺乏理性，就不能对自己所从事的工作进行冷静的判断，就难以获得成功。

拿我自己为例，我提出的新学说遭受批判时，对批判的内容事前我早已想到,所以一般来说,对这种批判我都能从容应对。为了将自己的直觉或灵感变成经得起推敲的学说,调查和思辨绝对必要。这就需要坚持不懈的努力,但不管多么艰苦的努力都是快乐的。

自如运用"互相矛盾的才能"
⊙稻盛

梅原先生讲到"如火般燃烧的热情和如水般冰凉的理性",这种"互相矛盾的才能"我也懂得。我年轻时甚至怀疑自己是否患了精神分裂症。有时极为大胆,似乎不经意之间就去挑战新事业,但另一种场合,又非常谨慎,摸着石头也不敢过河。从别人看来,我这个人好像难以捉摸。

但是,有一位名叫司各特·菲茨杰拉德的美国作家,在一本书里这样写道:"一个人兼备大胆和细心这两种互相对立的才能,而且能让这两者正常发挥作用,这样的人可称为天才。"就是说,两种"互相矛盾的才能"能够运用自如,而不以矛盾对立告终,这才是真正的才能。

另外，谈到才能，很重要的一点就是谦虚。在实业界，有不少人想法独到，敢于向困难挑战，能够坚持不懈的努力，因而获得了成功。

但是这样的成功者之中，十人有九人因成功而产生错觉："我非同一般，我具备优异的才能。"当他这样想的时候，事实上他已经开始落后。骄傲会导致懈怠，如果这样，公司业绩就会恶化，他自己也会衰败。不仅实业界，在学术界也这样。

过了 80 岁后想做的事
⊙梅原

我和稻盛先生有一个共同点，即使自认为有些才能也绝不骄傲，绝不得意忘形。有人夸我是"百年以来一人物"，我也不翘尾巴。对我而言，别人的评判怎么说都无所谓，想说我的坏话尽管说，要称赞我也行。至于我自己，只考虑走自己的路，一直走到底。

我过了 80 岁以后，要做的事情还很多。其中之一是研究世阿弥（室町时代"能"的集大成者，1363—

1443）。世阿弥这个人物，至今几乎不为世人所理解，应该明确他的存在价值。所幸的是今年年初，在拜访古埃及文明的旅途中，遇到了太阳神从那里获得了能量，让我的身体恢复了元气。至今为止，我已患过三次癌症，好歹活到现在。我想至少还要活 10 年，可能的话再活 20 年。妻子总是露出困惑的神色，劝我"余生应该享乐了"。但我却越来越觉得，除了继续挑战之外，生活没有别的追求了。

看看四周，同年代的朋友们一个一个亡故了，有不少人虽然还活着，但已不再健康。而我呢，年轻时发表了《隐蔽的十字架》、《水底之歌》，现在还能与当时一样向新的学说挑战，这不能不说是神佛对我的庇护。不过我是过了 70 岁以后，才开始这么想的。

古今东西，人一旦成功就变得傲慢，制造了自灭的原因。实际上，有才能的人因傲慢而灭亡的例子很多。但是，我这个人却傲慢不起来，可能是因为出生时，遇到一些复杂的事，受过精神伤害，"自己只是一个渺小的存在，好像什么地方出了差错才生了我"，我总抱着这样的痛苦和自卑。

稻盛先生，你怎么样呢？持续惊人的创造却不傲慢，这是为什么呢？这背后是不是一种信仰在支撑呢？

"南无，南无，谢谢"
⊙稻盛

我信仰的源泉是佛陀的教诲，特别是净土真宗。上小学之前，我就接受了"隐蔽念佛"人的洗礼。有一次，我被带到父亲的老家，一天夜里，我们来到离村子很远的一户人家，那里有一位僧人打扮的人，我们几个小孩排成一排，接受他的"面试"。轮到我的时候，他说："这个孩子已经行了，没问题。"这么一次我就算合格了，但这位僧人又对我说："孩子，今生今世，你一直要念诵'南无，南无，谢谢'，只要你终生这么做，佛就会庇护你。"从那时起一直到今天，我始终遵循这位僧人的教导。

现在我已经接受了临济宗妙心寺派僧人的剃度，每天清晨都要在佛前诵经，结束时一定要说"南无，南无，谢谢"。

"谢谢"这句话如果是自然地发自内心，人就会变得谦虚，同时这句话还会让周围人和人之间的气氛变得和谐。孩童时代受到的教诲我终生实行，没有懈怠，就靠这句话戒除了傲慢，我想事情就是这样。

接收思想闪光的"无私的天线"
⊙梅原

我受亲鸾的影响较大，我所上的旧制初中就是净土宗知恩院派设立的学校。到了初中三年级，因为自己的出身问题，我感到深深的烦恼，为了解除痛苦，我开始阅读佛教经典，这时就接触到亲鸾写的《叹异抄》。从此，深受亲鸾思想的感染，大学毕业后，还反复精读了亲鸾的《教行信证》。

亲鸾对人有深刻的洞察，他认为，"不管是谁，在他身体的某处，流淌着杀人的血液"。也就是说，人都知道"不可杀人"，但是在某种情况下，人会产生杀意。亲鸾洞察到人内心深处的"恶",而这样的"恶人"因为阿弥陀的恩惠获得救赎,所以阿弥陀非常可贵。

在第3章我已经介绍过,亲鸾还说:"只要念佛,你一定能去极乐净土,但是,你还会从极乐净土返回。"这被称为往相回向、还相回向,即所谓"二种回向"。而且他还说:"自己为救人而度人生,死后为救人要再度归来",可见他的决心何等坚决。亲鸾把这称为"等正觉",就是达到了弥勒的境界。

我已经走近人生的终点,所以对亲鸾"为救人要再度归来"的心境非常理解,我的人生观与亲鸾相同。

这是一种"无私"的精神,现在支撑我热情的就是"无私"的心境。妻子说我是一个"自我意识强烈的人",但我这个"自我"中隐藏着无私。

只有树起无私而敏锐的"天线",神佛才会降临,才会帮助你创造出新的学说。

还有,这种"无私"的精神就是孕育"创造"必不可少的一种"心的应有之状态"。根据我的经验,只要自己心中哪怕存有一丝一毫的"私心",智慧的思想之光绝不会产生。只有树起无私而敏锐的"天线",神佛才会降临,才会帮助你创造出新的学说。

无私的观念改变社会
⊙稻盛

"宇宙的启示只降于无私的天线"这个说法意味深长。只强调"我啊我",执着于自我时,这天线就会锈蚀,就不能接收信号。

只要有私心,就会卷入欲望和妒忌等恶劣情感的旋涡,精神就会迷惑困顿。只要无私,就没有邪心,变得纯粹,感觉到自己的"心近于透明",在这种纯粹无垢的状态下,宇宙的启示就会降临。

刚才提到亲鸾"二种回向"的说法,这在某种意义上就是无私。如果人真能无私,那么就会产生如刚才梅原先生所讲的那种哲学。自己生存的场所,不仅仅是活着的现世,也是要去的那个世界,然后再回归现世。为了人类的生存，无私地为社会做贡献，有这种祈望的人，就会幸福。如果大家都有了这种观念，也许这个社会就会变得非常美好。

我为什么能活到现在
⊙梅原

我近来对"某种宇宙力量"的存在有着切身的感受。这个"某种宇宙力量"的概念是筑波大学的村上和雄先生提出来的。我觉得自己正是依靠"某种宇宙力量"才活到现在的。

我小时候身体非常虚弱，大人们总说"这个孩子活不到20岁"。我之所以能长寿，固然因为父母的关怀，但也多亏"某种宇宙力量"，不然就无法解释。

而且我患过三次癌症，每一次都能及时发现，"再迟一个月就会死掉。"医生总会这么说。为什么能早发现？我想就是"某种宇宙力量"帮了我。

从这个意义上说，人类应该再次回归谦虚的态度，承认"某种宇宙力量"的存在,并对它抱以崇拜之心,我想这一点很重要。

不是"我活着",而是"让我活着"
⊙稻盛

近代的人类,对于"某种神秘力量",即"某种不为人知的伟大力量"的存在,已经不再相信。"不存在那样的力量,我们人类能创造一切,能探明一切。"人类变得狂妄起来。所以,再次承认人的智慧无法理解的自然力量的存在,采取谦虚的态度是非常重要的。

我们大家都认为是"自己在这个世上活着",但经历过人生苦难的人,他们会逐步意识到,是某种自然力量"让自己活着"。

当觉察到某种自然力量"让自己活着"的时候,人们或者就会因此变得谦虚,变得虔敬起来。所以,只想"我活着"不行,要认识到"让我活着",这一点非常重要。

一颗在天空中翱翔的心
⊙梅原

当我意识到是某种自然力量"让我活着"的时候,我已年过70,是患过第二次癌症之后,太迟了。我二度患癌,居然还能生存、能长寿,言辞刻薄的朋友就说:"梅原这家伙,怎么就死不了呢。"或者说:"因为梅原的动物性直觉特别灵敏。"当然也有朋友说:"因为梅原先生对神佛的信仰非常虔诚。"

我起初认为第二种说法"动物性直觉特别灵敏"有道理,但现在我相信第三种说法更正确,光靠直觉不行,是神佛告诉我的,让我察觉到了癌症。

回顾自己的人生,许多事情都是有人相助才能成功。有缘与市川猿之助先生相识,我才写成了超级歌舞伎《日本武尊》,在此之前,我从未想过自己会成为歌舞伎作家。尽管如此,有人还称赞道:"《日本武尊》是明治以来最好的歌舞伎。"当时能写出那样的作品,我想也无非是靠了"某种自然力量"的支撑。

第 7 章　无私的热情带来了成功

国际日本文化研究中心的创立，与中曾根先生相遇是关键。虽然我一直认为，有必要成立一个国际性的研究日本的机构，但是大家都觉得很难实现。而这件事居然能办成，虽然桑原武夫先生出了大力，但如果没有当时的总理中曾根先生鼎力相助，根本实现不了。

还有，能让世人认识长江文明的存在，是因为稻盛先生帮了忙。我一直认为，在中国，与黄河文明共存的还有长江文明，它是以水稻作为经济基础的文明。但为了证实这一点，需要实地考察的资金，是稻盛先生出钱资助，才去考察了长江，获得了丰硕的成果。现在学界对长江文明的存在，基本上已形成了共识。

中曾根先生、稻盛先生以及其他许多人，他们能够帮助我，从根本上讲，我想还是"某种自然力量"引导的结果。现在我已年过80，还要重新研究世阿弥、亲鸾、太阳哲学，是这些课题主动向我涌来，我想这也是由于"某种自然力量"的推动。

如果是"某种自然力量"要我干，我相信它会保障我再活十年。如果没有私心，一味为社会、为世人尽力，那么"某种自然力量"一定会暗中相助。

我的友人中有一位天才的陶艺家叫八木一夫（1918—1979），他爱喝酒，喜欢从这一家喝到那一家，他常挂在嘴上的话是："时刻竖着你的天线，把它擦亮，那么好点子就会产生，只要把这种点子转化成作品就行。"喝酒时也不忘擦天线，但我认为这一点很重要。

另外，这些新点子往往从意想不到的地方突然闯入，自我封闭的人是接收不到的。无私的、开放的、虚怀若谷的人才能接纳它们。

《日本武尊》这个剧本的创作过程就说明了这一点。有一天，市川猿之助先生读了我写的书，感动之余来拜访我，从此我们开始交流，我也去观看歌舞伎，这样过了三四年。有一次，他对我说："古典歌舞伎非常优美，可惜明治以后创作的歌舞伎水平太差。"所谓"歌舞伎"必须有歌有舞，而近代歌舞伎没有歌舞，也没有空中表演、快速转身改扮这些华美的演出，新歌舞伎受到西洋歌剧的现实主义的强烈影响，我想这样的歌舞伎是缺乏生命力的。

需要更多地加入歌唱和舞蹈元素，演出场面要有气派，另外剧情要像莎士比亚歌剧那样结构严密，台词要用现代语言。猿之助先生委托作家们创作这样的新作品，但经过三年，他对我说："拜托过许多作家，但写出来的净是些不成戏的东西。"最后他又小声地说了一句："先生，干脆您来写吧。"

事后才听说，这不过是猿之助先生的一句社交辞令，但当时我却当真了，心想："既然猿之助先生委托我，总该不辱使命，写点什么才好。"这时在脑中闪现的就是《日本武尊》。如果写《古事记》里的日本武尊，那么空中表演、快速转身改扮都可以安排。"这样的话，可以写"，我便开始动笔了。

我心想这个作品很可能会被打入冷宫，但剧本交给猿之助先生后，他在深夜打来了电话《日本武尊》太精彩了，你要当莎士比亚或者瓦格纳了。"我想社交辞令又来了，但这一次猿之助先生却是认真的。这个剧本经猿之助先生精心编排成超级歌舞伎，上演后好评如潮。

不过，前面已经提到，我写这个剧本的目的，既不是要想当歌舞伎作家，也不是为了赚钱，只是傻乎乎地要"兑现对猿之助先生的承诺"，也可以说这是一种无私的心境。

我从孩童时代起，就对别人都追求的金钱和名誉不感兴趣，而是异想天开地追求远大的目标。《日本武尊》的台词中有一句："一颗在天空中翱翔的心，那就是我。"猿之助先生很得意："这句话写的是我啊！"但我说这是写我自己的心境，猿之助先生就有点失望。然而事实上，日本武尊、梅原猛、市川猿之助成了三兄弟。

现实中，有"一颗在天空中翱翔的心"的人非常少，多数人整天考虑的是，怎样博得上司的青睐，怎样迎合时代的潮流。但是，如果缺乏"心中无私，静听天声"这样的价值观，就不会写出传世之作。

稻盛先生不断自问自己是否有私心，所以他才能成功。这种心态，与同是萨摩人也被称为无私者的西乡隆盛应该有关系吧！

第7章　无私的热情带来了成功

不离天道的西乡隆盛
⊙稻盛

正如梅原先生所言，西乡隆盛（南洲）一生贯穿无私的精神。他说："爱己乃万恶之首。"我在论述领导者品格时，最先强调的就是："只爱自己，把自己的利益放在第一位，这样的人作为领导者是失职的，对部下而言是不幸的。"领导者为了组织、为了部下，即使付出自我牺牲也在所不惜，这是大原则。

"敬天爱人"是西乡隆盛的名言。所谓"敬天"，就是不偏离上苍定下的正道，一生都要走正道，即使在讲究策略权术的政治领域里也不可离开正道，这是第一位的。在西乡的人生中，这一点从未有过动摇。

他能达到"敬天爱人"的境界，是因为屡遭流放海岛，历尽辛酸，在痛苦的经验中精神获得了升华，从自己的内心确立了"敬天爱人"的哲学。我想，这才是西乡真正的价值所在。

在西乡所作的汉诗中有一句："几历辛酸志始坚。"就是断言:"遍尝各种辛酸之后,我的意志坚定,遇到任何情况都绝不动摇。"

还有我最喜爱的西乡的遗训是:"置自己的生命、名誉、地位、财产于不顾的人,最难对付。然而,领导人达不到这种无私的境界,就无法患难与共,成就大业。"

这些都堪称金玉良言,但要实践西乡的教导,仿效他的人生态度,是不容易的。但是我认为,为了达到西乡这种境界,坚持努力非常重要。我从年轻时开始,从不忘记西乡的教导,反复回味,认真实践,直到今天。

倒幕成功源于"天之声"
⊙梅原

"推翻幕府",这在当时被认为是极端荒谬的事,普通百姓根本无法想象。而倒幕的原动力就是西乡隆盛,我想他是听到了"天之声"。为了将日本变革为现代国家,必须打倒幕府,这个"天之声"西乡听到了,所以他决意倒幕。

现在播放的大河连续剧《笃姬》成了热门话题,"将岛津家的公主笃姬送进江户城"这一战略的策划者就是岛津齐彬（1809—1858），他是一位了不起的名君，西乡就在他手下当助手，这部连续剧描绘的就是非常胆大又非常心细的西乡的形象。前面稻盛先生也讲到，"胆大心细"是成就事业必不可少的"精神结构"，两者兼备的人物可以成就革新时代的伟业。

不过，晚年的西乡很不幸。日本的社会已经革新，但人的精神不容易改变，那些维新的功臣，都开始追求金钱和权力。对明治政府所抱希望的幻灭导致了西南之役，西乡明知失败还是发动了西南之役。

未制止西南之役的"情义中人"
⊙稻盛

大久保利通、伊藤博文等维新的功臣们，其中多数人聪明能干、才华横溢。到了明治时代，他们剪掉了发髻，开始崇洋，过起了奢侈的生活。看到这种情况，西乡十分痛苦，他叹息道："同志们流血牺牲去打倒幕府，并不是为了要过奢侈的生活。"

不久，西乡因"征韩论"失败被迫归乡，回乡后他把精力倾注于青少年教育。他的弟子们因为痛恨新政府的腐败，起来造反，他们袭击新政府的弹药库，抢掠武器弹药。而此时，西乡正好在去大隅半岛打猎的路上，得知这个消息，慌忙赶回，看到起义已无法制止，于是从容跟随弟子们的队伍，不久在城山自刎而亡。

我认为，这个行动说明西乡是个"情义中人"。如果当时西乡真的想推翻新政府，只要他向全国发布号令，许多志士将汇聚到他的麾下。但是他不仅没有这么做，反而命令从全国各地赶来支援的人回去，只是看到已经起义的弟子们将白白死去，心有不忍，便决心与他们同归于尽。在西南战役中，西乡根本没有考虑任何战略战术，就是因为他下了赴死的决心。

日本人为什么喜爱楠木正成和西乡隆盛
⊙梅原

日本人喜爱"情义中人"，楠木正成也是这样的人。楠木同西乡一样，参与凑川之战（1336年，同足利直义军作战）时，已经知道没有胜算。

在此前的1331年，楠木在河内赤坂城举兵（后来移至千早城），参与后醍醐天皇对镰仓幕府的讨伐。当时，因为愤慨于镰仓幕府的暴政，很多人都成了楠木正成的战友。

但是，当足利尊氏举兵反对后醍醐天皇的建武新政时，许多人站到了足利一侧，连这些战友也离楠木而去。尽管如此，楠木为了对后醍醐天皇尽忠到底，在绝望中赴战。喜欢当裁判的日本人就偏爱楠木和西乡这样的忠贞之士。

在东京的上野公园里有一座西乡隆盛的铜像，看到这座铜像，有人就说："这好比是在苏联的克里姆林宫广场上树立叛徒托洛斯基的铜像。"但是这种现象非常符合日本人的心理，不管说他什么坏话，西乡的崇拜者仍然源源不断。

恢复西乡隆盛的名誉只是时间问题
⊙稻盛

西南战役之后，新政府的官员企图贬低西乡，把西乡说成征韩论，即主张"进攻韩国"暴论的祸首。事实上，这是新政府为了挽回自己的面子而嫁祸于西乡。

最近的研究表明，西乡主张的不是"征韩论"，而是"遣韩论"，不是要"攻击"韩国，而是希望派自己到韩国去谈判。这是由西乡同当时当政者之间的信件判明的。

当时，韩国对日本很不客气，有无礼的行为，日韩关系险恶，为了谋求两国关系的和平解决，西乡要求让自己单身赤手赴韩谈判。他说，如果韩国人杀害我这个谈判代表，那时才可以进攻韩国。这才是西乡的主张。

但当时的主政者认为这就是"征韩论"，从而逼迫西乡下野。西南之役发生时，又将西乡斥为国贼。当时，认清"西乡的主张是遣韩论"而拥护西乡的人极少。后来西乡又被贴上"逆贼"的标签，130年来延续至今。

直到最近，要求恢复西乡名誉的声音才渐渐高涨起来。正如梅原先生所说，在西乡的生涯中，有很多东西触动了日本人的情感，大家都喜欢西乡这个人物，仰慕他的品格。因为在我们的心中，西乡的存在是一种善的象征。

顺着王道，堂堂正正活下去
⊙梅原

掌握当时权力的政府所定下的论调就是"定论"，学者们不提出异议，不进行反驳，因为他们害怕自己陷于孤立。

我的情况也一样，我提出建法隆寺是为了安抚圣德太子的怨灵，柿本人麻吕是被流放遭水刑而死，因为我的见解与历来的"定论"相悖，所以我成了众矢之的。但人们并不从正面驳斥我，只是在背后说坏话。如果正面反驳，就要展开彻底的论战，但是人们却回避光明正大的辩论，这是日本社会体制上的毛病，如果不校正，日本成不了一流国家。围绕西乡隆盛，"征韩论"的谎言终于被揭露，这件事令人欣慰。

最终，西乡所要倡导的就是"行王道"，顺着无私的"王道"前进就没有错，所以应该堂堂正正向前进。幸好我和稻盛都没遭受流放，我们在王道上顺利走到了现在。我想我们是非常幸运的，以后还要在王道上堂堂正正地走下去。

后　　记

⊙梅原猛

　　我和稻盛和夫先生过去曾有过两次对谈，并成书出版，第一次是1995年的《哲学的回归》，第二次是2002年的《谈新哲学》，这次已是第三次对谈，我认为内容比前两次更为充实。

　　从30多年前开始，我就对地球环境问题抱有深刻的忧虑。我曾提出警告，现代文明照这样发展下去，人类的灭亡不再是500年、1000年以后的事。在这个问题上，稻盛先生的忧患意识比我更深。他说，如果这个问题不解决，那么人类就没有未来，人类应该改变生活态度，抛弃经济增长至上主义。这样的发言，出自像我这样的哲学家比较容易，但经济界的人士这么讲是需要勇气的。

　　日本经济界的人士，虽然口头上也强调环境问题的重要性，但是因为担心影响经济增长，就将解决环境问题的行动向后拖延，这就是现状。在这种现状之中，稻盛先生大声提倡，即使抑制经济增长也要解决环境问题。我非常钦佩稻盛先生仗义执言的勇气。

这次对谈还有一个特点，我们两个人将各自事业成功的秘密直率地公之于众。稻盛和我，对自己的工作都抱有强烈的自信和高度的自豪。我们认为，公开自己成功的秘密，将给予后来者有益的启示。

稻盛先生谈到，将原属于艺术领域的陶瓷应用于尖端产业，最初的直觉来自神佛的"某种神秘力量"的启示。而我将法隆寺称为圣德太子的怨灵镇魂寺，又断言柿本人麻吕被流放、遭水刑而死，我这些由直觉而来的学说颠覆了历史的定论，而这种直觉也是超越我个人的某种强大的力量给予我的。

这种新观念的直觉产生以后，为了证明新观念的正确，需要付出辛勤的劳动。是自然科学，就要做实验，是人文科学，就要进行文献调查和实地考察。要持续进行艰苦的努力，这样的艰苦同时也是快乐。太宰治喜爱的法国诗人韦尔恩的诗中，有"被选中者的恍惚和不安，我两者兼备"这样的句子。我和稻盛都坦率地讲述了"被选中者的恍惚和不安"。

稻盛和我首先都有一种新的发现，基于这种发现，或创办企业，或著书立说，因此获得成功，但我们两人绝不满足于已有的成功。如果获得了一次成功就躺在功劳簿上，这就意味着退步，必将招致破灭。我们没有因为成功而停滞，而是以谦虚的态度终生追求真理。

读了这本书以后，可能有人认为我们两人不够谦虚。但是，对于许多日本人中常见的内心傲慢，外表谦虚，也就是伪装的谦虚，我十分讨厌。不抛弃这种伪装的谦虚，在日本就不可能培养出更多的创造型的人才。

最新版
"日本经营之圣"稻盛和夫经营学系列
任正非、张瑞敏、孙正义、俞敏洪、陈春花、杨国安 联袂推荐

序号	书号	书名	作者
1	978-7-111-63557-4	干法	[日]稻盛和夫
2	978-7-111-59009-5	干法（口袋版）	[日]稻盛和夫
3	978-7-111-59953-1	干法（图解版）	[日]稻盛和夫
4	978-7-111-49824-7	干法（精装）	[日]稻盛和夫
5	978-7-111-47025-0	领导者的资质	[日]稻盛和夫
6	978-7-111-63438-6	领导者的资质（口袋版）	[日]稻盛和夫
7	978-7-111-50219-7	阿米巴经营（实战篇）	[日]森田直行
8	978-7-111-48914-6	调动员工积极性的七个关键	[日]稻盛和夫
9	978-7-111-54638-2	敬天爱人：从零开始的挑战	[日]稻盛和夫
10	978-7-111-54296-4	匠人匠心：愚直的坚持	[日]稻盛和夫 山中伸弥
11	978-7-111-57212-1	稻盛和夫谈经营：创造高收益与商业拓展	[日]稻盛和夫
12	978-7-111-57213-8	稻盛和夫谈经营：人才培养与企业传承	[日]稻盛和夫
13	978-7-111-59093-4	稻盛和夫经营学	[日]稻盛和夫
14	978-7-111-63157-6	稻盛和夫经营学（口袋版）	[日]稻盛和夫
15	978-7-111-59636-3	稻盛和夫哲学精要	[日]稻盛和夫
16	978-7-111-59303-4	稻盛哲学为什么激励人：擅用脑科学，带出好团队	[日]岩崎一郎
17	978-7-111-51021-5	拯救人类的哲学	[日]稻盛和夫 梅原猛
18	978-7-111-64261-9	六项精进实践	[日]村田忠嗣
19	978-7-111-61685-6	经营十二条实践	[日]村田忠嗣
20	978-7-111-67962-2	会计七原则实践	[日]村田忠嗣
21	978-7-111-66654-7	信任员工：用爱经营，构筑信赖的伙伴关系	[日]宫田博文
22	978-7-111-63999-2	与万物共生：低碳社会的发展观	[日]稻盛和夫
23	978-7-111-66076-7	与自然和谐：低碳社会的环境观	[日]稻盛和夫
24	978-7-111-70571-0	稻盛和夫如是说	[日]稻盛和夫
25	978-7-111-71820-8	哲学之刀：稻盛和夫笔下的"新日本 新经营"	[日]稻盛和夫

"日本经营之圣"稻盛和夫经营实录
（共6卷）
跨越世纪的演讲实录，见证经营之圣的成功之路

书号	书名	作者
978-7-111-57079-0	赌在技术开发上	[日]稻盛和夫
978-7-111-57016-5	利他的经营哲学	[日]稻盛和夫
978-7-111-57081-3	企业成长战略	[日]稻盛和夫
978-7-111-59325-6	卓越企业的经营手法	[日]稻盛和夫
978-7-111-59184-9	企业家精神	[日]稻盛和夫
978-7-111-59238-9	企业经营的真谛	[日]稻盛和夫